在家里爱上阅读

ZAI JIA LI AISHANG YUEDU

0—18 岁阅读指南

0—18 SUI YUEDU ZHINAN

[美] 帕梅拉 · 保罗　[美] 玛丽亚 · 鲁索　著

丁肇芬　王建伟　译

接力出版社

Publishing House

本书插图绘者：丹 · 雅卡理诺、丰风、维拉 · 布罗斯格、莫妮卡 · 加伍德

桂图登字：20—2022—151

First published in the United States under the title:
HOW TO RAISE A READER

Published by arrangement with Workman Publishing Co., Inc.,New York.

图书在版编目（CIP）数据

在家里爱上阅读：0—18 岁阅读指南 / （美）帕梅拉 · 保罗著；（美）玛丽亚 · 鲁索著；丁肇芬，王建伟译 . —南宁：接力出版社，2023.5

ISBN 978-7-5448-8138-8

Ⅰ . ①在… Ⅱ . ①帕…②玛…③丁…④王… Ⅲ . ①阅读辅导－家庭教育 Ⅳ . ① G252.17 ② G78

中国国家版本馆 CIP 数据核字（2023）第 062218 号

责任编辑：孔　倩　　美术编辑：刘　悦
责任校对：王　蒙　高　雅　　责任监印：刘　冬　　版权联络：王彦超
社长：黄　俭　　总编辑：白　冰
出版发行：接力出版社　　社址：广西南宁市园湖南路 9 号　　邮编：530022
电话：010–65546561（发行部）　　传真：010–65545210（发行部）
http://www.jielibj.com　　E–mail:jieli@jielibook.com
经销：新华书店　　印制：北京天工印刷有限公司
开本：880 毫米 ×1250 毫米　1/16　　印张：14.75　　字数：185 千字
版次：2023 年 5 月第 1 版　　印次：2023 年 5 月第 1 次印刷
定价：88.00 元

目　录

序

你还记得小时候沉迷于故事中的感觉吗？现实世界隐退到脑后，只剩下一本好书散发出的书香或坐在身边懒人沙发上的父亲的温暖。也许你曾躲在图书馆的书架后，沉浸在“哈利·波特”系列第一部里，如饥似渴地读着，想要一探魔法石的究竟。或许你还记得自己蜷在母亲的怀里，想象着吃掉蓝莓山上的所有果子会是什么感觉。你还记得第一次走进“野兽国”的感受吗？你有没有幻想自己有一天也能去那里？

不管你脑海中浮现的是怎样的画面，它都应该充满令人愉悦的联想：一个孩子，就是你自己，享受着舒适、迷人的私密世界，全身心地投入一件事情，时间好像凝固在喜悦和幸福里。

现在，作为一个成年人，看着下一代渐渐长大，你是否觉得过去的时光一去不复返了？是否觉得现在的孩子很少有机会抽出空闲时间一头扎进书里？读书还是过去那种出于乐趣、无忧无虑的消遣吗，就像爬树和学自行车那样，是自然成长时间线的一部分？要是你曾这样阅读过，你很可能也想让你的孩子体验那种由衷的、永恒的、仿佛时间停滞了的喜悦。你关心孩子的阅读习惯，希望书中的文字能伴他成长，但你也希望这个过程能更加系统。

即使把孩子交给培养阅读能力的专业人士，你还是会时不时为之担忧。虽然清楚自己不过是在瞎操心，但烦恼并不会因此消退。看到孩子还在和冰箱上的字母表挂画较劲，对教育动画片里的词语依旧感到惊奇和费解时，这种压力感便油然而生。甚至在学前，父母就开始担心孩子是否“合格”：为什么我的孩子还没认全字母表？这个念头就像一个旋涡：我的孩子读得够多、够快了吗？然后你就深陷其中，不能自拔：他能上个好大学、找个好工作，然后养活自己吗？还有对人类前景的忧虑：下一代还会读书吗？他们会不会像老虎机前的赌棍那样成天摆弄电子设备？（想多了，不可能的！）

在你忧心忡忡的时候，是很难回想起童年看书时那简单而快乐的画面的——纯粹为了享受阅读乐趣而无忧无虑地读书的画面。但是，这些美好的画面正是本书的出发点，请牢记它们，让它们像灯塔一样时刻提醒你。事实证明，孩子们的许多人生目标都是在小时候快乐的阅读中自然而然形成的。这里所说的目标并不单指学业上的。

读书的孩子确实容易在学习上拔尖，但并不止如此。最新研究表明，在家阅读的孩子更有自制力和行动力——这些能力让人更快乐、更好地适应环境：控制冲动、集中注意力、设定目标、制订计划并付诸实践。这些都是为生活做预备工作。关注并有意识地去培养孩子的阅读习惯，你这是在帮助他成为一个能决定自己命运的人。

在学校里，孩子们读书是因为他们必须这么做，而在家里，孩子们读书是因为他们想这么做。家才是孩子爱上阅读的地方。放手让孩子自由选择任意的活动时，我们通常惊诧于其中的差异。不知怎的，这时候他的心情更轻松，目标更明确，而这全部源于真切、快乐的想法。很显然他渴望去做自己选择的事情，没有一丝不情愿。因此，不要把培养孩子的阅读习惯这一长期项目看作一种义务，应该把它当成一个为你的孩子和你的家庭带来美好享受的机会。家长鼓励孩子阅读的方法，比起老师们的来，要更有趣、轻松和自由。至于拼读教学、成绩评估、分数线之类的工作，都无须你来操心。

希望这本书能够给你——为人父母的你和作为阅读者的你——带去安慰、认可和鼓励。也许在父母的熏陶下你早已在孩提时就爱上了阅读，也许你是在长大后才慢慢爱上的它，无论怎样，我们都希望你能将这份挚爱坚持下去。希望你会发现这本书不仅有用，而且有趣，正如阅读本身那样有趣。就我们而言，能为大家整理出我们最好的建议和想法，尤其是推荐我们最喜欢的图书，自是一件乐事。我们分别都是三个孩子的母亲，也是天天跟图书打交道的人（是的，我们多么幸运），我们在儿童文学的世界里已浸润多年。

不论你是即将成为父母的人还是经验十足的家长、孩子的祖父母、老师或是一位上心的看护人，我们都希望你能从这本书中得到启发和鼓励，从焦虑中解脱；希望你能够反复阅读它，无论是作为心理安慰还是自我提醒，或者为孩子下一阶段的阅读寻求进一步的指导。要是哪一天你的孩子也会带着认可和感激之心翻阅它，那么我们的最终愿望就实现了。也许他们会继续留着这本书，和自己的孩子一起分享。我们都喜欢回忆起在文字世界里所获得的那种满足、喜悦和几乎冲昏头脑的兴奋感——好像整个世界都向我们敞开了。

玛丽亚的话

一段回忆：我正坐在我6岁儿子的高箱床上，他和8岁半的姐姐在两旁紧挨着我。“‘是海蛇！是转山精！是妖怪！’”我念道。他俩大笑起来。我继续往下读，詹姆斯·亨利·特洛特和他的虫子朋友们以及钉在帝国大厦的尖顶上的大桃子把纽约市民吓得乱作一团：“‘那是个猪精！’消防队长尖叫起来，‘我就知道是个猪精！’”这时我停下来，然后我们大笑着齐声把“我就知道是个猪精”念了一遍又一遍。

这个故事我之后还给他俩的弟弟读过。这是罗尔德·达尔的《詹姆斯与大仙桃》，是我七岁生日时从我们家的朋友那里得来的。防尘护封早就不知丢到哪里去了，但是一看到它褪色的橙色布封，我依旧能真切地想起小时候一个人读着可怜又幸运的詹姆斯经历可怕又刺激的冒险的感受。故事的所有细节我都熟稔于心。我视它如珍宝，以至于成为家长后，又将它分享给了自己的孩子。也可以这么说，是爱让那些回忆闪闪发亮。

做家长是个压力不小的苦差事，其实做人也是如此，但我发现通常即使是在最难、最充满挑战的时候，一本书就能让我恢复元气，重拾自我。在那些自己感觉心有余而力不足的日子里，我会选择与孩子们坐到一起，翻开一本书。这时，世界又变得焕然一新了。

有时候我会胡思乱想，为孩子们现在和将来的问题发愁，为我和丈夫给他们选择的这样或那样的道路是否正确而苦恼。每当那时候，我就会提醒自己，我们为他们读过的每一本书都会在他们脑海中留下一些痕迹，一些潜移默化的记忆，以及其他一些随之而来的美好的东西。我读《詹姆斯与大仙桃》的经历就是个例子。

当我的三个孩子分别长到11岁、8岁和3岁时，生活变得不一样了。因我获得了《纽约时报》儿童读物编辑这一职位，我们全家便从加利福尼亚搬到了纽约。更多图书在我家来来去去。孩子们成了我的审稿团队，他们有时很喜欢这个工作，有时候又很不配合。也许他们阅读生涯中最令人满意的成就和我一点儿关系都没有：一位老师把我拉到一边告诉我我女儿在阅读课读《偷书贼》时不时落泪；或是我大儿子头一次书不释手，在车里，在餐馆，甚至在医院候诊室都在读杰夫·史密斯的《骨头》；或是我的小儿子二年级时终于收到了在学校书市选的书，兴奋得大叫。

同样，对童书世界的深入探索成了我的日常乐趣，但随之而来的也有它特有的挑战。整理童书的工作无休无止，我把它们从书架上取下又放回，直到腰酸背痛，两眼昏花。怎么会有这么多书？该如何取舍呢？就在我左右为难之际，发生了这样一件事：当我在一个箱子里找到一摞桑德拉·博因顿的纸板书时，我清晰地回想起了还在蹒跚学步时的女儿和我依偎在紫色懒人沙发上的画面，我在为她读已经读了一百遍的书："一头奶牛哞；一只绵羊咩；三只小猪唱……"女儿大声和道："啦啦啦！"

"现在为孩子读一分钟的书，将来会受益百倍。"作家乔治·桑德斯曾经写道，"这不仅是因为孩子喜欢你给他们读书，更是因为数年后，当他们与你远隔千里，我保证那些个你们相依度过的、宁静得只剩书页声的夜晚对你来说一定是弥足珍贵的。"培养全家人的读书习惯是一件长久但收益可观的任务，希望这本书能帮助你和孩子规划好适合自己的阅读计划。

帕梅拉的话

我以前是那种总是埋头看书的小孩，当时爱看书还不被看作是什么值得炫耀的优点。作为对音乐、美术和体育样样不通的孩子，读故事让我感到更自在。在我看来，书中的世界远比现实好得多，没有那么多危险和意外。那时我还没有意识到那些书在我将来鼓起勇气面对外界挑战时赋予了我应有的知识和技能的储备，让我变得敢于冒险。阅读是我一生的精神滋养。

所以，写一本介绍如何培养阅读兴趣的书，对我来说就是一件乐事。它囊括了我最关心的四个话题：儿童、图书、教育和为人父母——在我看来，它们环环相扣、密不可分。甚至我对为人父母的最初认识都是从书中得来的。我一直觉得自己就是那种想要孩子，而且觉得孩子多多益善的人。回头想想这个梦想大概植根于小时候喜欢的那些书——“与众不同的一家人系列”、《小妇人》，还有《儿女一箩筐》。

毫不奇怪，我对母性的幻想几乎都集中在为孩子讲故事上——睡前我们依偎在一起，读着《爱丽丝镜中奇遇记》；安逸地坐在炉火旁，跃动的火光投在书页上；还有在雷电交加时压低声音讲鬼故事。我期盼着能与自己的孩子分享我爱的故事，并从他们那里发现新故事。

我一直坚信我的孩子会阅读——至少我从不接受相反的想法。尽管我明白孩子们不会和父母一样（我和我的父母显然也是如此），但我还是无法接受他们拒绝参与这项家庭活动的可能。即使从现实考虑这也是无法想象的：那时候我该拿那些我打小时候起就开始保存的童书（比如几本破旧的《阁楼上的光》，还有弗朗西斯·霍奇森·伯内特的一系列书）怎么办呢？还有我特价买到的苏斯博士的精装绘本，那时我才二十来岁，单身，要过好多年才能当上家长呢。

可喜的是，这些书并没有浪费。许多家长都为自己的孩子多才多艺感到脸上有光，我的孩子们虽然不是什么都擅长，但我可以骄傲地说，他们仨在9岁到13岁期间，都是充满热情的阅读者。他们实际上比我厉害得多——比那个时候的我更有冒险精神，更擅长回顾重读，更贪婪地汲取新知。他们觉得我这位可怜的老母亲迟钝又精神涣散。“怎么还在看这一页啊？！”看到我尽力集中注意力、慢吞吞地跟一本书死耗了一天，他们这样问我。

我觉得这没什么。我承认他们翻页速度比我快得多，也能欣然接受他们因为想读完当前的章节而无视我叫他们吃晚饭。我也完全不担心外面有什么样的生活在等着他们，因为他们会在书中故事的世界里为此做好准备。在其中，他们能够理解故事线、情节转折和大团圆结局；他们也能够了解角色成长、隐藏的主题和悲剧结尾。通过读过的小说，他们会更清楚自己想置身于怎样的故事、成为怎样的角色；会更好地读懂情境、理解上下文，并探索看似不可理解的事物的含义；他们能从故事中提炼出主题并概括总结；他们会明白如何读懂他人，并为他们和自己做出定位。我希望他们能用书铺就自己的人生道路。

第一部分

生而阅读

第一部分涉及婴儿期和学步期两个阶段。

父母陪伴婴儿与图书度过的宝贵时光是一个阅读者人生故事的开端。

婴儿在蹒跚学步的过程中，

阅读的故事也日渐丰富起来。

对于这两个阶段，

我们将分开来进行介绍并推荐大量相关书目。

读给宝宝听

也许你已经做了几个月的父母，也许你还在等待孩子的降生。不管怎样都要恭喜你！虽然你是为了孩子的阅读来看这本书，但首先得从你自身开始着手。你最近很可能研读了至少一本关于怀孕和分娩或新生儿护理的书，这些书都很重要，但我们对培养阅读习惯的第一个建议是，在孩子出生之前，还有孩子刚出生忙得焦头烂额的日子里，除了那些实用的工具书，请抽点时间读读你自己喜欢的书，一本也好。不管是新书还是旧书，不管是你早已读过的，还是当前的畅销书；不管是小说、历史、诗歌还是回忆录；也不管是悲剧还是喜剧，是漫画小说还是园艺说明 …… 尽管翻开它放松地读吧。读书是探索自我的好方法，而且现在正是尝试的时候。你的所思所想和生活的方式，即将成为新生活的关键点，你将创造和扩充一个家庭，并营造其文化氛围。一个小生命会注视你，你的一举一动发散出的信息 —— 你的生活习惯、价值取向还有你所看重的文化与思想，都会被他接收到。

目前你是如何打发空闲和碎片时间的呢？如今我们的注意力会被许多纷杂的信息所分散，如果阅读已从你的生活中退场，现在是时候把它找回来了。读书会收获乐趣，也会让你更好地实现人生价值。因此，为自己坐下来读读书吧。

总之，培养孩子爱上阅读之前，你首先要爱上阅读。

你需要了解的事情

婴儿也需要图书

“给你的宝宝读书!”也许你早已从儿科大夫、婆婆、超市结账排队时偶遇的女士那儿或者其他什么途径听过好多次这种说法了。他们说得没错。不过你得知道，给婴儿念书看起来会有点好笑。想象一下你用唱歌般的语调，声情并茂地大声对他讲着鸭子和鹅的故事，而他眼前迷迷蒙蒙，甚至还看不清房间另一头，更别说书上的字了。

为新生儿读书可能更像是给你自己读书。小婴儿动来动去，眼睛还不能聚焦，可能很快就会睡过去。在开始阶段，他可能没法做出让你满意的反应，大多数婴儿得等到三个月大才开始注意到你的朗读。三个月是开始为孩子读书的好时候，但要是你有余力更早开始，那再好不过了。从第一天起，你的声音对孩子来说就很重要了。除了语言本身，他还能感受到语调的抑扬顿挫，被紧紧环抱或紧靠着坐在一起时的温馨和亲密，被关注的快乐，还有爸爸妈妈的喜悦。

什么样的书并不重要

最初你可以给婴儿读纸板书和图画书——也就是那些不久将进入他们的阅读书库的书。但其实读什么样的书都不重要，你若愿意，烹饪书、小说、育儿手册……任何有文字的书都未尝不可。研究表明，婴儿接触到的词汇数量——无论他当时明白与否——将直接影响到他以后的语言和读写能力。其实我们大多数人都本能地明白这一点，这就是我们在换尿布时常常不自觉地对孩子念念叨叨的原因。但你得注意：朗读必须是真人面对面地读给孩子听，放录像或者有声书是行不通的。你一定要*亲自*读给他听。

不管读什么，让这成为一段愉悦身心的亲子时光吧。要是你来了兴致，可以用滑稽的语气把句子唱出来，不必担心宝宝听不懂里面的文字。拿出你喜欢的书，在孩子的日常俯卧时间或者哺乳时间大声读上那么一段两段。这并不需要，也不会耗费很多精力。比起文章的内容，宝宝对你的情绪和语调更为敏感，所以要在你兴致高、心情好的时候去做这件事。与新生儿在一起的日子里，有时候给他们读读书只是为了让自己保持头脑清醒，不与世界脱节。

调动所有感官的阅读

听故事的宝宝会慢慢体会到，阅读这件事不仅有趣，而且阅读过程中除了父母的声音之外，纸张的纹理、书的形状和分量、胶水的味道（别为此抓狂）和插图的视觉印象都能给宝宝带来感官体验。在生命最初的几个月里，宝宝的眼神常常游离不定，但长到7—10个月时，他们通常就具备了接受图书视觉信息的能力。不妨用手指出那些孩子感兴趣的图画，并多加解释。请记住：在这一阶段不必太在意书上的文字。

在宝宝小一些的时候，甚至是2个月大时就可以开始让他与图书进行肢体上的接触了。越来越多的婴儿读物会在部分或全部页面上添加纹理，这对促进宝宝的触觉发育有很大作用。不妨拿着他的小手去摸一摸纸张，告诉他能感觉到什么并让他亲身去感受。

不必过早期望孩子与你进行明显的互动

当你读书给宝宝听的时候，不要为他没有什么反应而着急。终有那么一天，他会跟你来回互动那么几下。或许宝宝会因为你的朗读而发出一些声音，这就是为什么许多婴儿图书中含有看似毫无意义的词语或动物的声音 —— 因为这易于模仿。当孩子有目的地发出一个声音时，你要用话语或自己的那些无意义的声音来回应他。这些声音看似毫无意义，但却是真正的交流。一些包含动物声音或对话的图书是以“呼唤 — 回应”这一互动模式而设计的，即便回应仅仅是咯咯的笑声，也是有意义的。这最初的阅读时光将与你们今后的亲子阅读有着密不可分的联系。

营造浓厚的读书氛围

请注意，在宝宝出生的第一年中，除了给宝宝读书之外，还要尽可能营造一种读书的氛围。让书散落于日常生活中的角角落落 —— 婴儿床上、游戏垫上、宝宝能够到的架子上、桌子上 —— 让他感受到阅读是自己的世界里自然而有意义的一部分。在一天当中特定时间里阅读一本特别的书，会让他感到读书是生活中让人舒心的日常。有人花时间为他阅读，还适时引起他的关注，这会为他今后更为正式的学习打下基础，而这正式的学习亦是他成长过程中不可或缺的一部分。有人记得他最喜爱的书，坐下来为他大声朗读，能让他感受到自己是被爱着的。

那些年代久远的经典作品

多数父母最初往往会选择自己小时候喜欢的图书来朗读，这的确是一个不错的开端。毕竟，那都是你喜欢的书，而且重温过去的老故事与旧时光一定妙不可言。因为很多父母常常把自己童年时期的图书作为首选，所以那些优秀的儿童图书会一版再版，而且常常是并不昂贵的平装本。再版图书是儿童读物中的重要板块，销量一直超过大多数新出版的图书。当然，并不是所有你喜欢的图书都还在再版，有些也许只能在网上或二手书店才能淘到了。对帕梅拉来说，偶遇紫色之家出版社（Purple House Press）—— 一家销售绝版经典作品的网站 —— 令她欣喜若狂。

但你或许会在这些经典作品中发现一些过时的文字或图画，这些内容甚至令人瞠目结舌。20世纪40年代金色书屋（Golden Books）出版的那些迷人故事中，小女孩们一律都是金发碧眼，穿着围裙，她们都想当护士，而她们的兄弟们都渴望当医生。但那些棕色皮肤和黑色皮肤的孩子们都到哪里去了？为什么圣诞节是唯一的节日？你小时候喜欢的一些书的内容，或许赶不上时代的变化了。许多儿童经典作品放在现在来看已经陈腐过时了，在某些方面糟糕得一塌糊涂。比如小孩时常被唤作“笨蛋”，孩子之间的霸凌行为若是放在现在会被马上送到校长办公室，父母告诫孩子不要在餐桌上说话 …… 如果可能的话，为这些旧书乔装打扮一下（唉，有些是真的无可救药了，那就干脆放弃吧！）。当你大声朗读或讲述时，不妨随心所欲地改编一下文字，尤其是在这个早期阶段，你的孩子完全不会注意到的，你尽可以取其精华，去其糟粕。

寻找什么样的婴儿书

纸板书

纸板书是用纸板做成的小巧而厚实的书，专为0—3岁宝宝的小手设计的。即使被宝宝啃咬或在房间里乱扔也不会发生什么危险。纸板书跟它的“大表兄”图画书一样，都是图文并茂的书：图画跟文字一样，也能讲述故事，其包含的信息甚至超越了文字。有些纸板书甚至根本没有文字，这也许会让人觉得物非所值，浪费了金钱。但是我们向你保证，事实并非如此。纸板书最重要的就是做到足够简洁、易懂，以吸引婴儿的注意力。

有熟悉感

我们家里的小不点儿喜欢看到自己熟悉的事物出现在图书里，包括其他婴儿的面孔和诸如婴儿车、浴缸或婴儿床之类看似平淡无奇的居家物件。这些书会让你觉得很无聊，所以你可能觉得这对婴儿来说同样会很无聊。其实不然。请记住，这个世界对婴儿来说是全然陌生的，书中任何让他感到熟悉的东西，都会令他兴奋不已。寻找那些能够反映宝宝日常生活方方面面的图书：人、动物、自然、房屋、汽车、城市……他们也会慢慢意识到，周围世界中看到的事物是可以在一本书上呈现出来的。

具有简洁之美

纸板书应该有大而明快的图画、相对较少的文字。对于还无法聚精会神、无法感知色彩变化的新生儿来说，简单而清晰的黑白大图是最初阅读的绝佳选择。随着宝宝慢慢长大，可以寻找一些图案色彩组合大胆、视觉冲击力强的纸板书。在早期阶段，选书的标准应为清晰明了而不是柔和细腻。

能双手把玩

宝宝的手一旦有了良好的控制能力（通常是从4月龄开始），就能够做出阅读时所需要的肢体动作：掀起书页，触摸纹理，撕下标签。当孩子的双手能够有意识地做一些事情时，他们会马上喜欢上这些易于操控的纸板书。对婴儿来说，这就是阅读。所以，一定要准备一些类似于多萝西·昆哈特的《拍拍小兔子》《电话簿》这样的翻翻书，以

及有质感的纸板书，普里迪出版社（Priddy Books）出版的用柔软布面和尼龙搭扣制成的图书，既能让阅读成为一种触觉体验，又能使亲子阅读的过程充满惊喜和乐趣。

经久耐用

如果你的孩子还只是个婴儿的话，相较于平装本或大一点儿的精装本，还是选择纸板书为好，这将方便孩子反复阅读。稚嫩的小手对待自己喜欢的东西总会乱抓乱摸，甚至乱扔一气，所以谁都期待着有一本永远也撕不破的书。要说什么样的书能够经受得住常年“摧残”，那非纸板书莫属了。比如玛格丽特 · 怀斯 · 布朗的睡前经典故事书《晚安，月亮》，尽管这个故事还有更大开本的版本，但是容易被撕碎（相信我们，如果纸张不结实的话，会惨遭如此命运的）。对于词语少、互动要求高的故事，纸板书是绝对的不二之选。一些出版商深知宝宝会如何“粗暴”地对待一本书，所以独出心裁，开发出更多不同品质的书。比如，防水、无毒、可咬的图书，可以随意带到浴缸、泳池或海滩；塑料“冲凉书”专为水中阅读而设计 …… 婴儿大多都喜欢啃咬图书，这些书都使用无毒材料，你可不希望自己的宝宝将有害物质连同文字一同消化掉吧!

你需要注意的事情

文字过多或视觉混乱

书中文字过多，图片过多或太过精细，都有可能使婴儿失去兴趣。纸板书中的每一个字和每一幅画都要有意义。要知道，在你读文字的时候，你的宝宝正在读图画，因此要选择那些能够让这两种阅读体验协调的书。

并非所有你喜欢的书都适合制作成纸板书

许多图画书都有精美的纸板书版本，但并非所有图画书都适合这种短小精悍的图书形式。纸板书中的故事必须要有简单而强烈的视觉元素，细小、具体的图画会缺乏视觉中心，而过多的文字会使页面显得拥挤。所以，对于你喜欢的许多图书，最好等宝宝到了学前阶段再去读，那时更大一点儿的版本会带来更好的阅读体验。

带有小装置和电子播放器的书

婴儿很容易受到过度刺激，也会很快厌倦那些铃声和口哨声（你也如此）。阅读本身是一件愉悦身心的事，人的真实声音完胜一切。放弃那些带有电子操控按钮的书吧，这样你就不会因为专用电池耗尽且无法替换而恼火了，也不会额外增加支出。

我们挑选的婴儿书

全优纸板书

《看！看！》| 彼得·利奈塔尔

Look Look! **Peter Linenthal**

宝宝出生最初几个月里，可以为他准备这本黑白对比强烈的纸板书，图案设计极具吸引力，比如封面中的太阳。手工剪纸的艺术风格看上去生动可爱，文字让人备感亲切愉悦。

《宝宝的肚脐在哪里？》| 凯伦·卡茨

Where Is Baby's Belly Button? **Karen Katz**

宝宝们喜欢探究自己的身体，这本优秀的翻翻书以躲猫猫的形式，让宝宝主动认识自己的身体。卡茨的插图非常可爱，他还有很多互动式的纸板书，有兴趣的话可以找来看一看。

《哞，咩，啦啦啦！》和《但没有河马呀》| 桑德拉·博因顿

MOO, BAA, LA LA LA! And But Not the Hippopotamus, **Sandra Boynton**

博因顿是童书界的名人，在他所有的作品中，这是我们最喜欢的两本。他通晓孩子们所理解的幽默，并能够将其完美地呈现出来。书中语句轻松愉快、易于记忆。

《宝宝的脸》| 简·瓦滕贝格

Mrs. Mustard's Baby Faces, **Jane Wattenberg**

表现宝宝面孔的图书数不胜数，但这本书或许会因其中不同婴儿的真实照片以及精致可爱的设计而博得你的喜爱。宝宝非常喜欢看现实生活中其他宝宝的脸，观察他们的不同表情，甚至包括皱眉和流泪，这属于婴儿早期自我认知的一个表现。

《宝贝儿》| 藤川庆子

Babies, **Gyo Fujikawa**

这本“瘦高”的纸板书描绘的是各种圆脸的宝宝，从哥哥姐姐们观察到的襁褓中的小弟弟小妹妹，到蹒跚学步的幼儿，都

包含在其中，画面既温柔又幽默。

《神奇变变变动物园》和《神奇变变变农场》| 洛伊丝·艾勒特

***Color Zoo* and *Color Farm*, Lois Ehlert**

书中的动物色彩明亮，造型大胆。每页都裁切出镂空图形，让宝宝用手指探索每个形状的不同。

《五只小猴子床上蹦蹦跳》| 艾琳·克里斯特洛

***Five Little Monkeys Jumping on the Bed*, Eileen Christelow**

这个有着诗歌般韵律的傻乎乎的故事，最好伴着嬉戏哄闹的活跃氛围来读。就别指望它能哄小家伙睡着啦。

《蓝色小卡车》| 爱丽丝·谢特尔著，吉尔·麦克尔默里绘

***Little Blue Truck*, Alice Schertle, illustrated by Jill McElmurry**

这部现代经典童书成功地把卡车嘀嘀嘟嘟的鸣笛声以及农场中动物哞哞哼哼的叫声融入故事中。

《我的小汽车》| 拜伦·巴顿

***My Car*, Byron Barton**

画面由松散的线条、简单的形状和鲜艳的原色构成。随着车辆来来往往，轻松简单的故事开始了。除此之外，该系列还有《火车》《飞机》《卡车》和《我的自行车》等。

《不行！可以！》| 莱斯莉·帕特里切利

***No No Yes Yes*, Leslie Patricelli**

这本书只有两个词，当然是你的宝宝经常听到的两个词。画面是帕特里切利一贯大胆、有趣的风格。

《小鹅奇奇》| 奥利维尔·邓瑞尔

***Gossie*, Olivier Dunrea**

奇奇是一只可爱的小鹅，故事中他和朋友们一起磕磕绊绊地经历了关于友谊、矛盾、分享之类的事情，这对孩子早期的社交十分重要。

《拉玛穿着红色睡衣》| 安娜·杜德尼

***Llama Llama Red Pajama*, Anna Dewdney**

杜德尼的拉玛系列作品深受学步期孩子们的喜欢，画风温馨，文字韵律感十

足，作者对幼儿的行为特征有着深刻的理解。从第一本开始读吧，“花花、妈妈、好娃娃”朗朗上口，你会喜欢的。

《小猫咪追月亮》｜凯文·汉克斯

***Kitten's First Full Moon*, Kevin Henkes**

在这个睡前故事里，小猫咪误以为月亮是一碗牛奶。它让小读者们捧腹大笑的同时，还让他们觉得自己好像长大了、聪明了许多。这套书以及作者的其他一些获奖作品，体现了汉克斯温柔又活泼的个人风格。

《宝宝说还要》｜薇拉·B. 威廉姆斯

***More More More, Said the Baby*, Vera B. Williams**

这本充满活力的现代经典图书刻画的是不同婴儿与各自的家人玩耍的一天。威廉姆斯巧妙地重复了婴儿喜爱使用的几个词，还为他们蹒跚学步的样子配上了温馨而缤纷的画面。

《我喜欢你……》｜玛莉·墨菲

***I Like It When*, Mary Murphy**

本书插图简洁而逼真，描绘了企鹅妈妈和企鹅宝宝的日常亲子活动，清晰表达了宝宝与妈妈在一起时的幸福感受(“我喜欢你握着我的手。”“我喜欢你让我来帮忙。”)。结尾处的“我爱你”或许会让你动情地流下眼泪。

《喵，不见了》｜蕾切尔·伊莎多拉

***Peekaboo Morning*, Rachel Isadora**

凯迪克奖得主、艺术家伊莎多拉在书中列举了孩子醒来后乐意看到的所有温馨事物，淋漓尽致地展现了躲猫猫的乐趣。精彩的插图在纸板书中实属罕见。

《拍拍小兔子》和《电话簿》｜多萝西·昆哈特

***Pat the Bunny* and *The Telephone Book*, Dorothy Kunhardt**

要让学步期的孩子爱上阅读，《拍拍小兔子》是必读之书。也应该看看《电话簿》，尽管它的外观有些过时，故事也十分离奇，但它的品质却俘获了许多人的心。此书能够保持经久不衰是有原因的。

《小小厨师做美食：薄饼》｜洛特·涅宁

***Cook in a Book: Pancakes!* Lotta Nieminen**

这本书充满了奇思妙想：按照书中的食谱，移动书上的活动机关来进行添加配料、混合面糊等操作，你家宝宝就能“制作”出美味薄饼来了。如果孩子喜欢这本书的话，还可以尝试该系列中的《墨西哥卷》和《比萨饼》。

《点点点》｜埃尔维·杜莱

***Press Here*, Hervé Tullet**

它如此简单又如此精彩：按下一个小点儿，再按下一个，每次翻页，只需动动手指，神奇的事情就层出不穷，这种充满创造力的互动会逗得宝宝咯咯直笑的。

《脑袋》和《尾巴》｜马修·范·弗利特

***Heads* and *Tails*, Matthew Van Fleet**

这些极具互动性的精彩纸板书比大多数纸板书都更重、更大，因而也更结实。宝宝在抽拉纸板、触摸纹理以及巧妙移动部件的过程中，会慢慢认识各种各样的动物。

经典纸板书

《好饿的毛毛虫》｜艾瑞·卡尔

***The Very Hungry Caterpillar*, Eric Carle**

为什么选择看纸板书而不是其他的版本？这本书就是一个最好的解释——不会被磨损、撕破，也不会因为小手指禁不住往有趣的小洞中戳戳点点而损坏。画面中食物诱人，色彩缤纷，令人赏心悦目。

《波波要睡觉》｜露西·卡曾斯

***Maisy's Bedtime*, Lucy Cousins**

书中充满明亮的色彩，鲜明而独特的形象，无性别成见的动物角色，以及恰到好处的动作和令人惊喜的情节，“小鼠波波系列”是这个阶段的孩子最理想的纸板书之一。几乎每个孩子都对波波着迷过，这个简单的睡前故事会让你领会其独特的魅力。

《下雪天》｜艾兹拉·杰克·季兹

***The Snowy Day*, Ezra Jack Keats**

这是一部经久流传的经典作品，是第一本以非裔美国儿童为主人公的主流图画书，故事中美丽的雪景会陪伴着你进入梦乡。

《叽喀叽喀蹦蹦》｜小比尔·马丁和约翰·阿尔尚博著，洛伊斯·埃勒特绘

***Chicka Chicka Boom Boom*, Bill Martin Jr. and John Archambault, illustrated by Lois Ehlert**

这本字母书读起来趣味十足，超级过瘾，宝宝们很喜欢听。简单的剪贴画很适合纸板书，而且页面上的文字数量也恰到好处。在此要提醒你，在孩子进入青春期前，书中的韵律可能会一直萦绕在你的脑海，挥之不去（不过这韵律至少是很好听的）。

《棕色的熊、棕色的熊，你在看什么?》｜比尔·马丁著，艾瑞·卡尔绘

Brown Bear, Brown Bear,What Do You See? **Bill Martin Jr., illustrated by Eric Carle**

朗朗上口的节奏、孩子可以参与的一问一答的形式和可爱的拼贴艺术，这三个特点使得本书与其姊妹篇《北极熊，北极熊，你听到了什么?》持续畅销。它们通常是能够让孩子“阅读”的书——根据图画记住词语。

《逃家小兔》｜玛格丽特·怀兹·布朗著，克雷门·赫德绘

The Runaway Bunny, **Margaret Wise Brown, illustrated by Clement Hurd**

大人对这本书的观点两极分化，所以在你决定将此书加入你的书单前要三思。有人认为兔妈妈对孩子的投入是毫无节制的溺爱，而有人则把它视为母性的本能和母爱的冲动。不管怎样，小兔子还是很可爱的!

《鸡汤米饭》｜莫里斯·桑达克

Chicken Soup with Rice, **Maurice Sendak**

桑达克这本经典作品为每个月份都配上了一首小诗，小诗都以“鸡汤米饭”这几个字热热闹闹地收尾，你既可以朗诵又可以唱出来。这种重复的句式有助于孩子语言能力的发展，幽默风趣的风格会让孩子们爱不释手。桑达克创作的“坚果壳图书馆”系列中的其他三本也十分出色，均为纸板书或布面小开本图书。

《小火车头做到了》｜华提·派尔普

The Little Engine That Could, **Watty Piper**

这本书做成纸板书最合适不过了：每页的文字衔接流畅，引得读者不停翻页，若不是纸板书的话，早就被翻破了。父母们都会希望自己的孩子去读这本书，同时也会希望他们像小火车头一样永远不要放弃。

《小蓝和小黄》｜李欧·李奥尼

Little Blue and Little Yellow, **Leo Lionni**

李奥尼用他标志性的平面艺术语言讲述了一个关于友谊的风险与回报的经典故事。书中以再简单不过的圆形图案为主人公，探讨了身份认同和人际关系等深层次的主题。

《巴士到站了》｜五味太郎

Bus Stops, **Taro Gomi**

作者是一位多产的日本图画书作家，他的所有作品都十分适合纸板书的形式。《巴士到站了》有着迷人的重复句式，每一页上都有小惊喜，巴士停靠的每一站的场景用寥寥数语表达出来，让人备感新奇。

与幼儿共读

起先非常缓慢，后来只是一眨眼的工夫——欧内斯特·海明威是这样描述破产的。约翰·格林在描述坠入爱河时也用了同样的表达。“起先非常缓慢，后来只是一眨眼的工夫”用来描述婴儿突然学会走路也非常贴切。你知道这一天在慢慢到来，然而当它真的来临时，往往出乎你的意料。曾经娇小温顺的宝贝现在变成了一股不可忽视的力量，有着鲜明的个性，能够非常清晰地表达自己的需求、欲望和喜好；而且他会走路了——有时甚至走得很快。家里变得热闹而忙乱，生活也因计划被打乱和无法操控而变得棘手起来。

这就是为什么你一定要在孩子跌跌撞撞地学会走路前培养他的阅读习惯。阅读对于婴儿来说十分重要，进入学步期后，阅读带来的好处开始凸显。事实上，阅读对培养学步幼儿的智力、情感和社交能力的重要性再怎么高估都不为过。而对那些刚学会走路的孩子的父母来说，阅读也是一份天赐的礼物：至少它为手忙脚乱的日子提供了片刻的安宁。

正如婴幼儿会从他们听到的众多词汇中获益一样，他们也能从所接触到的各种各样的信息中受益。第一次在这个广阔而精彩的世界里探险，孩子学步期所接触到的信息比其他任何时候都要多。当你和学步期的幼儿一起阅读时，他们真的是在吸收各种信息：词语和语言结构、数字和数学概念、颜色、形状、动植物、行为方式和规则，以及关于世界如何运转等其他各种有用的事实。学步的孩子在不断地收集知识，而向他们传授知识的方式没有比图书更有效的了。他们不仅学习词语的意思，还在学习如何将这些词语应用到自己所处的世界。

这些知识有助于指导他们当前的生活——学习如何说“请”、弄清楚拖拉机和卡车的区别、了解一个家庭的构成——这对他们日后成长为优秀的阅读者也至关重要。

在孩子的学步期，你要用书来拓展他们的世界，而且一定要给他们读各种各样的书。即便是对最小的学步幼儿，也不要担心让他们接触那些并不常见的话题。从地质学到艺术史，再到不同文化背景下的生活，这些话题在一本出色的儿童读物中都会被分解成一个个小的部分，变得有趣且易于理解。孩子们不是去过海滩才能读一本关于海滩的书。

你需要了解的事情

开阔思维

学步期孩子的思维是灵活的、开阔的、丰富的，他们并不在乎书中的主角是男孩还是女孩，或是一只仓鼠。利用这个阶段，让他们多接触书中形形色色的角色。无论是男孩还是女孩，陪他们读读那些看似老套或看似专为不同性别设计的相关主题的书（针对男孩的主题如卡车、机械、运动，针对女孩的主题如友谊、烹饪、仙女等）。找一些展示女孩积极、自信和男孩敏感、有教养的图书。不特别强调主人公性别的书也很好，它们可以给孩子灌输这样一种观念：身份并非一成不变，不管是“男性”还是“女性”都统称为“人类”。

反映现实世界

适用于性别的阅读原则同样也适用于民族、文化和地域等。现在可以比较容易地找到描写不同文化、民族的图书了，所以一定要给孩子们读一些这样的书。如果你的孩子属于某个少数民族，读一些描写与他有着相似成长经历的孩子的书，对他来说尤为重要。所有孩子都需要在故事中看到自己的影子。不管你的孩子生活在哪里，最好去寻找一些不经意间展现不同人群生活的书：他们或是建造火箭飞船、探索水下洞穴，或者只是和爷爷一起去杂货店。给孩子们讲讲不同文化传统、家庭结构和生活经历的人是怎样和睦共处的。当你们一起阅读时，你是在帮助他们为将来在一个多元化的世界里生活做准备，在帮助他们培养产生共情的能力（请看第五部分中以培养同情心和善良情感为主题的推荐书目）。图书是帮助人们“尝试”他人经历的好方法，而学步期儿童正处于发展的关键点，他们需要开始了解他人的感受并做出恰当的反应。

读写专家们谈到孩子接触到的书需要具有“镜子和窗户”的功能——有些书应该是镜子，孩子从中可以看到自己的影子；另外一些应该是窗子，从中可以看到异于自己的他人的经历。通过向学步期的孩子提供这两种类型的图

书，你在帮助他们完成一项任务：学着理解和尊重自己的同时，也理解和尊重他人。

孩子进入学步期，幼儿园的生活也近在眼前，但从婴儿期开始的规律阅读对培养他的情感仍然有好处。每次你读给他听时，他都能感受到书本和你那熟悉的声音之间的联系，以及一起阅读带来的亲密肢体接触。你们将继续与图书建立一种积极的深层关系，这种关系将持续一生。

制定阅读规划

即便你完全认同阅读的重要性，也还会面临如何将阅读纳入繁忙的日程这一问题。睡前阅读是学步期的孩子和父母的每晚必修课，同时也是保证每日阅读最简单的方式。就孩子们而言，父母最温馨的陪伴莫过于一起读睡前故事了。确保有足够时间读完一本（或三本、四本……），不要急躁，保持睡前舒缓的氛围，从众多书中选择几本结尾平和并利于入睡的书（尽管一些欢闹的童书也很有趣）。这是让你的小淘气包在睡前慢慢放松下来的好方法。目前正是培养这种好习惯的时候，这样到了小学，睡前阅读在你和孩子的生活中就根深蒂固了。

白天也要尽量抽时间陪孩子阅读。即使在工作日清晨，也可以随时抽出五分钟，顺手拿一两本书来翻阅；在等公共汽车或乘车时，在他们早饭磨蹭时，都可以看看书。抽时间与学步期的孩子一起阅读是让他们放慢脚步、集中注意力的最佳方式之一，有时似乎是唯一的方式。趁天色未晚，去跟孩子们坐在一起好好享受这些亲密时光，尽享天伦之乐吧。

如果你能让家中随处都摆满书，而且外出时能记得随身带上几本，那么白天阅读就会容易得多了。为宝宝带上两三本书，放进婴儿推车或尿布袋里，随时随地都可以读 —— 小汽车里、公交车上、咖啡厅里、医生诊所里。在排长队时，你可以给孩子一本他熟悉、喜欢并且能够读的书，或者蹲下来给他读一个新故事，而不是塞给他一部手机或者一个玩具。

和幼小的婴儿一起读什么书，选择权全在你手里，这个时候你能够对选书有所把控。孩子独特的品味和观点或许让你惊讶不已。正如他不喜欢你做的甘蓝色拉一样，他也可能不像你小时候那样喜欢罗伯特·麦克洛斯基精湛的黑白钢笔画作品《让路给小鸭子》。与此同时，你可能对仙女故事或会说话的卡车一点儿也不感兴趣，但孩子却会兴奋不已。不要阻止他们，鼓励他们表达出*他们*喜欢书中的哪些方面，并以此找到更多同类图书。

关于大声朗读技巧的专业提示

给孩子读书是双人活动而非单人的表演，它越能使得双方都获得满足感，就越能带来更多的快乐和回报。幼儿专家常常会这样建议：我们要和孩子一起朗读，而不是你读给孩子听。这之间确实有巨大的差别。

· 永远以书名、作者和绘者作为开场。这会让孩子从创作方面开始阅读图书，让孩子开始识别喜欢的作者，并了解同一作者的艺术风格。花点时间看看封面，适当的时候，可以问孩子："你觉得这个故事会讲什么呢？"让他感觉到自己是故事的一部分。毕竟，任何故事都不是孤立存在的，它只有在与读者发生关联时才有存在的价值。

· 不要只盯着书读，还要察言观色！如果孩子不喜欢你模仿的傻乎乎的怪物的声音，就不要那样读了。唉，这不是你的问题。如果孩子对你的大坏狼似的搞怪行为或熊一般的咆哮声畏缩害怕的话，停下来，不要继续了。有时候，我们的滑稽描述吸引的是我们自己而不是听众（这是我们共同得来的经验，真的来之不易。当孩子欣赏不了你古怪的表演艺术时，确实很令人沮丧）。

· 如果你和孩子对阅读的内容不感兴趣，不妨换一种阅读方式。一篇文章看起来太长，无法吸引小听众的注意力，你尽可以缩减一下或用简单的词来代替你认为孩子不懂的词。一些年代久远的故事里，父母和成人会无情地批判、责骂孩子，尖酸刻薄的话语会使今天的孩子们感到震惊和困惑。这种情况下你可以把语气缓和一下。毕竟，住在鞋子里的矮婆婆[①]不必非要打她的孩子们。正如我们前面提到的，对于内容上有瑕疵的图书，你尽可以"取其精华，去其糟粕"。

① 出自《住在鞋子里的矮婆婆》，讲的是一个家中有许多孩子的老婆婆的故事。——本书脚注如无特别说明，均为译者注

· 让孩子参与故事。孩子打断故事也没关系，这说明他在认真听。不要过于沉迷于自己的阅读而忽略了孩子的评论和询问。不要说“先让我读完这页”，而是要停下来，让孩子重述一下他的问题。

· 让孩子翻页并控制速度（这对于细微动作的锻炼也非常有帮助）。让孩子做主，会让他们觉得自己也是这个阅读过程中的一部分。

· 注意不要操之过急。读得比你认为的自然速度再稍微慢一点儿，品味一下文字的韵律，到了那些特别有趣和搞笑的片段时，再慢一点儿。纸板书和图画书虽不是以诗歌的形式写成，但它们对词语音韵的注重和页面的编排与诗歌非常相似。许多图画书的作者用翻页来制造美妙的悬念，翻到下一页前你不妨停顿片刻。如果有兴致，还可以试着唱读几本书或几段文字。许多睡前图书的创作本意就是让你唱而不是读。当孩子听一本书听得有些倦意时，这一办法尤为奏效。例如，当你读《弗朗西斯的果酱面包》、《小房子变大房子》（就像许多图画书一样，它实际上是作为一首歌而写成的）或者玛格丽特·怀斯·布朗的《毛茸茸的一家》时，都可以自编一曲。《毛茸茸的一家》的结尾就是一首可爱的摇篮曲，这当然需要你来配曲。孩子长大后一定会记得这些专为他而创作的曲调。

· 要记得，孩子读故事跟你读故事并非总是同步。在你大声朗读时，你的思维专注于文本，而孩子在听你读的同时，是看着插画随你一起读。他可能会看到你没有注意到的内容，会因插画大笑，或者发现文中并没有提及的、躲在角落里的妖精。如果你的孩子看起来不很喜欢文字，你可以问问他在图画里看到了什么。有时候，那里会藏有第二个故事。孩子们常常从图画上收集文字中没有明确说明的信息，不妨让他们解释给你听。

· 对于学步期的孩子，你可以指着图画上的东西，引导他们说出它的名字，在必要的情况下，可以看似无意地提示他们。对于学龄前儿童，可以让他们叙述图画中发生的故事。

讨厌某些儿童图书也没关系

要记得，人无完人。如果真的有一本书让你烦不胜烦，你都想将它偷偷扔到堆肥里去了，而你3岁的孩子却常常央求着让你读，这时请你不要绝望。你完全可以偶尔将孩子从某些烦人的喜好中拽出来。在帕梅拉的大女儿狂热地爱上阅读饼干类图书时，她和丈夫很快就厌倦了大声“哦哦哦”配合。一段时间的迁就之后，书架上竟然难以找到饼干类图书了，而其他关于宠物和动物滑稽行为的图书，不知怎的占据了之前饼干书的位置。不要拒绝给学步幼儿他们自己喜欢的图书，但有时也可以引导他们阅读其他内容的书（那个女儿长大后，总是喜欢听这个饼干书“消失”的故事）。

记忆的好处

你会发现，有些书的内容大声朗读十几遍后就能记住。如果日常阅读让你心生倦意，不要绝望。改变一下朗读的方式，开一会儿小差也未尝不可，心不在焉地“读”上一会儿，同时任你的思绪随意漫游。不必感到内疚，入迷的小听众往往不会注意到这些，他们太沉迷于享受这个过程，甚至已经能够背诵这本书了。

他在读吗?

或许就在这一阶段，一个美妙的时刻就要来临。你可能会发现学步期宝宝正在全神贯注地独自翻阅一本纸板书，或许在背诵他认识的词语，或许在看书中的图画。花点时间搞清楚他是否在阅读。他早晚能辨认出个别词语和句子，但他现在正在做的事情——跟随故事的发展，获取图画上的信息，并被书中的东西所吸引——都属于整个阅读过程的一部分。你可以对他说："哇！太棒了！你知道你在读这本书吗?"带着自豪和愉快的心情对他说，但也要说得好像这只是一个基本的、毋庸置疑的事实一样。他也将开始把自己视为一个阅读者。谢天谢地，多亏了你，它确实成了一个事实。

用这种方式，你就可以帮助孩子成为一名阅读者。但你能做的也只有这些——你的孩子必须把阅读看作自己的事情、一个习惯选择去做的项目、一个本能的活动，这才是真正能让他获益的。

这意味着从学步期到幼儿园再到学前班，阅读将一直是他生活的重要组成部分——换句话说，这远远早于在学校的阅读时间。如果你们正在准备旅行，就像问你的孩子选哪件睡衣或者提醒他不要忘记带自己的毛绒兔子一样，自然地问他："你要带什么书?"他从朋友家里玩回来时，问问他："肖恩喜欢读什么书？他是不是也喜欢读《火龙爱吃玉米卷》?"当有人问你孩子喜欢做什么时，你可以说"他喜欢读书"。

去图书馆吧！

· *讲故事的场所*：许多图书馆有专为儿童借阅区设立的讲故事的房间或区域，通常，房间里各处都有抱枕和毛绒玩具。在这里，你可以趁孩子玩得不亦乐乎时结交其他家长朋友，同时孩子们也可以与同龄人相处。

· *作家来访*：图书馆喜欢为当地作家或来访作家举办图书分享会，这为孩子了解图书背后的故事提供了一种特别的视角。他们将逐渐明白书是由像自己这样的普通人创作的。

· *丰富的社区活动*：为了使家庭和社区生活丰富多彩，图书馆会举办一些由当地历史学家或其他专家做的讲座、电影之夜（通常是图书改编的电影）、图书俱乐部、国际象棋俱乐部、幻灯片放映等重要活动。

· *免费使用电脑和适合儿童的游戏*：如果你不想让孩子定期使用家中的电脑，或者你的个人电脑只用于工作，可以考虑让孩子定期去图书馆使用电脑。儿童图书馆里的电脑通常都装有图书馆管理员审查过的孩子可以使用的程序。

· *安静的读书场所*：你不能总是待在家里——哪怕只是在其他地方的扶手椅上睡上一觉，你的孩子也会想换换环境的。

家庭图书馆

“家庭图书馆”听起来相当宏大，你可能会联想到一个布置精美的房间，房间里摆满了从地板延伸到天花板的书架，书架旁有一个带滚轮的梯子，漂亮的图书根据体裁、主题和国别按字母顺序排列，但我们想说的并非如此。家庭图书馆实际上指的是家庭成员之间共同分享的所有图书。那些书可能被塞在厨房的角落里，或堆在客厅的地板上，或散落在房间储物架的空隙里。有一个专门放书的地方很棒，但到处都有几本书也不错，无论是放在浴室马桶上的一本书还是客厅咖啡桌上的一堆书，它们都已被编织进了家庭生活的脉络中。

根据研究，孩子成长为阅读者最重要的影响因素，不在于其所在学校的阅读教学水平，不在于为孩子朗读的时间长短，也不在于父母收入水平或受教育程度，而是家中藏书的数量，这才是与孩子读写能力最密切相关的因素。

这其实很好理解，当孩子有大量机会阅读时，他就会成为阅读者。我们知道，想阅读的孩子总能找到机会——无论阅读路标上的文字还是麦片盒背面的文字。但是，如果你想增加孩子读书的机会，还是应该把书放到家里各处，让屋子里充满阅读的诱惑。

用书填满屋子是一种快乐和享受，也是一种持续的寻宝活动。对很多人来说，这是一种冲动，对我们这样从事阅读工作的一部分人来说，这其实也是一种痴迷（真不好意思！）。其实买书不会让你破费太多，全新的书确实相当昂贵，但二手书却便宜得不可思议。优秀的二手书和打折书可以在图书馆的销售会、书店促销会、学校的图书展览会、二手书店或网店里买到。人们花几块钱就能买到书，而且价格通常不影响书本身的质量。你的藏书不必非要是崭新的；书是用来读的，而旧的书就像实用的工艺品，它们或卷曲，或磨损，甚至那些被标记了的书页都是许多读者愉快阅读时光的见证。一本几经转手的书，哪怕是一个陌生人题词赠给另一个陌生人的，都会让人觉得这像是一个保存着珍贵历史的传家宝一样。被称为“小型免费图书馆”的图书亭如雨后春笋般出现在许多社区中——人们在那里放下自己看完的书，取走邻居留下的新书。这真是一个让孩子感受良好读书氛围的好办法！

现代图书馆

定期去图书馆——要是能全家一起就更好了——补充新书，让家中的图书始终保持新鲜、有趣。许多当地图书馆不限制每次借阅图书的数量，而且，一个不断变化的书单会让孩子们接触到不同的主题、版式和体裁，激发他们的好奇心。如果你的孩子可以上网，告诉他们当地图书馆的网址，他们可以从网上浏览藏书并预约，当图书可以借阅时他们就可以自己直接借了。当孩子得知他想借的书能够借阅时，该多么开心啊！

让阅读走出书房

不管多小的孩子，偶尔也会想翻翻儿童读物以外的书。所谓的咖啡桌图书角不妨成为首选。你或许从没想到自己的孩子会想看一本马蒂斯的专著或一个前卫摄影师的最新作品，但他的选择可能会让你大吃一惊。孩子们喜欢视觉艺术，如果在桌子上随手放一些有关自然摄影、艺术品、漫画、风景画或旅游胜地的图书，孩子们可能会在一个无聊的下午懒懒地躺在沙发上拿起来翻阅，他们的眼界将大大扩展。所以，要有意识地运用各种方式为孩子创设随时随地阅读的机会。在客厅的桌子上发现一本大大的、满是图像的、信息量丰富的书，比如大卫·麦考利的《万物运转的秘密》，对所有年龄段的孩子来说都是一种持久的诱惑。但不要止步于此，放几本平装书和杂志在浴室里（是的，每个人都会在洗手间看书，哪怕是小孩子），或者放在任何能吸引孩子眼球的地方。说到洗手间，这里有一个温馨提示：对那些可以自己独立阅读纸板书或无字书的小孩子，或正渴望认识词语的幼儿来说，在洗手间看书可以引导他学会自己上厕所。

拥有自己的书架

如果空间允许——其实总会有办法的——让孩子在自己的房间里拥有自己的私人藏书。如果可能，给他一个属于自己的书柜或小型立式书架。当孩子还在学步期时，家中若有空间，可以摆放一个能够展示图书封面的书架。不要过分注重图书陈列的方式，毕竟，把书放上书架的关键是为了让它们*走下*书架。从孩子的婴儿期开始，不妨让家里一直有一摞方便取阅的书——特别是那些能调动孩子积极性的翻翻书，或有趣的超大开本的书。无论何时何地，你都可以安排快乐阅读时间，不管是在地板上、地毯上，还是游戏垫上。

让孩子收藏

孩子天生喜欢收藏，无论是豆豆娃，还是风火轮汽车或棒球卡片，无不收入囊中。不妨让藏书也成为孩子的骄傲和个性的体现吧。你的孩子所着迷的图书，无论它的主题、题材还是插画家都会反映出他在某个特定时期的面貌。他会反复阅读这些书，但也会喜新厌旧。不要那么快就把旧书扔掉，如果孩子房间里的书架容量有限，那么做一下调整，把“失宠”的书保存在别处，几个月或一年后再把它们找出来，看看孩子是不是很高兴再次看到“很久以前”喜欢的书。

留给后代

如果条件允许，请保存好孩子特别喜爱的一些书。学步期的孩子年纪尚小，还谈不上为他们保存图书，但你要有这个意识。对许多人来说，童书是他们一生的财富。路易莎·梅·奥尔柯特的作品以及《阁楼上的光》第一版，仍然是帕梅拉的收藏，并轮流出现在她的孩子们的书架上。玛丽亚的藏书《驴小弟变石头》和《詹姆斯与大仙桃》也同样如此。当你成年后回到童年时的家中，最棒的一件事就是在你的卧室里重新发现那些书——如果你的父母还保留着它们的话，想想这样的重逢多么珍贵。为你的孩子也做同样的事情吧。

小小图书管理员

让孩子们从小就懂得，书不仅是用来占有和阅读的，也是用来给予的。有些书你也许不想要了，有些书孩子早就看倦了，还有些书也许孩子会觉得自己的朋友、亲戚或者老师可能很喜欢。要让孩子们懂得，向收容所、诊所、学校、义卖会或当地图书馆捐赠品相良好的图书是一件了不起的事情。

图书“糖果袋”

大多数父母都会对某些育儿时刻感到不适，对我们来说，那就是生日派对上没完没了的喧闹。在某种程度上，我们俩都发现，越是把图书融入孩子和他们朋友的派对中，我们就越轻松。

首先，没有比书更好的派对礼物了。想到你孩子的朋友得到了一本艾米莉·詹金斯的《玩具历险记》，而不是一匹戴着假发的塑料马，你会更有成就感。同时，它还可以成为你们定期去附近独立书店的一个好借口——那儿的图书包装确实精美。

如果你是那个举办派对的人，我们建议，派对结束时永远不要再分发那种既会导致蛀牙又浪费钱的糖果袋，相反，把糖果换成一本书。让参加派对的客人包一本他们看过的、保存完好的书带到派对上。派对快结束时，每个人都挑一本包好的书。不要忘记让小寿星也准备一本，而且让他独立挑选。对孩子和父母来说，这远远胜过带糖果或廉价的塑料玩具回家。同时这也让孩子们明白：图书是与众不同的，它使某个场合有了意义，皆大欢喜。如果是送给年龄稍大一点儿的孩子，不要让客人们将书包装起来，这样孩子们可以直接从中挑选。确定挑选顺序的方法有很多，比如抓阄、比赛或游戏。要是你对这种交换方式不太熟悉的话，可以从你孩子收藏的书中挑选几本来替代糖果袋。我们向你保证，其他父母绝不会认为你小气，相反还会对你感激不尽。

每年都赠送生日礼物书

另一个赠送生日图书的方法是在你孩子的每一个生日都送一本特殊的书，放在他书架的某个特殊位置。在他2岁、3岁、4岁生日之际都附上赠言，这一传统完全可以坚持下去。在赠言里，告诉他你为什么决定在这一年给他买这本书，或许这是一本你4岁时喜欢的书，或许这是你小时候你的奶奶送给你的一本书，亦或许这本书的主人公也是一个来自明尼阿波利斯市[①]的4岁孩子或是一个热爱棒球的男孩。你还可以用一两行文字来描写一下孩子在这个年龄的样子。当然，自己的样子他当时是知道的，但想想看，在他7岁时拿起4岁时获得的生日书，看到自己4岁时的样子会是怎样一番情景呢？这么小的年纪就有怀旧的情感了，真是不可思议（等着吧，等你的孩子长大了，会一遍又一遍要求看他婴儿时的书）。每年看到那个小小的生日藏书馆，本身就是一个礼物。

题记

如果别人送的书上没有写赠言或题记，那么问问你的孩子是否还记得这本书是怎么得来的、谁送给他的。让他在书的扉页上用自己的话将这些事情记下来。正是这种个性化的点缀使孩子的个人图书馆变得与众不同。

书店欢迎孩子们

在我们的一生中，有时会有一段空闲的时间泡在图书馆里，但另外一些时候去图书馆则成了一件不切实际的事。对许多新手父母来说，定期去书店是一个更具吸引力也更切实可行的选择，或者只是*去喝一杯咖啡*，至少也算一个有趣的调节。如果你从早到晚照看一个新生儿或好几个小时在一个学步孩子身边不停地忙前忙后，个中辛苦还需要我们多说吗？多数书店要么有自己的

① 美国明尼苏达州东南部一城市。

咖啡馆，要么就坐落在一家精致的咖啡馆附近，十分方便。

尤其是独立书店，近年来深受新手父母的青睐。好好利用这种资源吧！那里的工作人员往往充满热情并富有学识，至少有一个人是童书专家。店里通常都设有儿童活动专区，孩子可以在那里享受半小时左右的幸福时光：舒适的座椅、垫子，也许还有玩具、积木或者火车桌，他可以边读边玩。许多书店专营儿童图书，如果你就住在附近，那真是一件幸事。还可以让孩子为你推荐图书。

相比图书馆，更多的作家会来到书店分享自己的图书，而且书店常有免费的故事朗读时间和青少年读书俱乐部。在预算吃紧时，想想你可以支持一家为社区做出许多贡献的当地企业，你也许能更加心安理得地为孩子买书；而且在你和孩子外出活动时，它还为你们提供了一个可以驻足、浏览和放松的舒适场所。书店的售货员通常和图书管理员一样对他们身边的图书充满了感情，还会热情地分享他们的建议；如果你喜欢某一本书，他们还会向你推荐另外一些你或许会感兴趣的书。

寻找什么样的学步期图书

从图画书开始

图画书比纸板书尺寸大，采用普通的（易撕碎的）纸张，故事通常稍微长一些、复杂一些。从孩子出生开始，你就可以把图画书阅读穿插于故事时间里，但最佳时机是学步期或再晚一点儿。孩子对世界的认知在不断扩展，图画书会助其一臂之力，帮助他理解和面对人生中的各个阶段以及成长中的烦恼，比如家里新添了小弟弟或小妹妹、开始上学、与朋友发生冲突、惧怕黑暗、挑食等等。图画书将现实世界刻画得栩栩如生，有助于孩子去理解它，并迎接新的世界。

图文并茂，相得益彰

寻找精彩的插图和文字之间的关联。和纸板书一样，书中的图画不仅仅是文字的配图——它们和文字一起讲述故事。这意味着，有时一条重要的信息并不是通过文字而是通过图画来传递的。

文字、插图是同一作者

许多伟大的图画书是由身兼插画师的作家完成的（或身兼作家的插画师，这取决于你怎么看）。你可能知道他们的名字：莫里斯·桑达克、苏斯博士、李欧·李奥尼、杰里·平克尼、路易斯·埃勒特、五味太郎……这样的艺术大师还有很多，他们能够结合自己的文字表达能力与艺术天赋，创造出一个完整而独特的世界。

文字、插图是不同的作者

由作家和插画家联袂创作的图画书同样令人愉悦。通常情况下，一个作者往往会与同一个插画家联手创作大部分作品或有着同一个主人公的系列作品，例如作家麦克·巴内特和插画家乔恩·克拉森的合作。

注重细节

图画书的每一个细微之处都是经过深思熟虑的，无论封面还是环衬。我们大可以根据封面来给书做个评判，也要看一下护封里面，因为护封下面和封面本身常常隐藏着惊喜：一个完全不一样的封面，通常还会有个笑话或者一些补充信息。图画书出版商野心勃勃，充满了创意，在整个封面设计上下足了功夫。环衬往往因其版式和平面设计而大放异彩。图画书的标题页常常是一整幅插图，为书中故事提供图画式的序言。

经久不衰

经久不衰的经典图画书，即便是成年人，读过无数次之后依然会感到愉悦。《阿罗有支彩色笔》《老雷斯飞天记》和《平的故事》是那种你无论怎样反复大声朗读都不会厌倦的书。当你的孩子想读一本年代久远的书时，你就会明白它历久弥新的原因，同时还会对这些非凡的作品更加喜爱。

超越文字的阅读

不要陷入这样的误区：书中文字越多，其价值就越大。现在的图画书确实很贵，人们有这种想法非常自然，但书的价值并不会随着文字或页数的增加而增加。一些伟大的图画书是没有文字的，比如杰里·平克尼的《狮子和老鼠》、大卫·威斯纳的《海底的秘密》和苏西·李的《海浪》。看无字书是一个孩子锻炼视觉感知能力的绝佳机会，还有助于培养他通过解读图像来理解故事或获取信息的能力。让孩子告诉你每页上发生了什么，然后继续追问为什么这么说。你也可以无休止地重塑、改编和充实故事，并根据孩子的心情、时间和年龄进行调整。在大卫·威斯纳的无字书《华夫先生！》里，一群外星人闯进了一只脾气有点暴躁的猫的世界，他们的语言纯粹是用符号来表达的，在“读”的时候，由你和孩子决定这些符号所表达的意义。

借用动物形象

优秀图画书的世界里总是充满了各种各样的动物，如小熊、青蛙、蟾蜍和皮特猫。不仅仅是因为孩子们喜欢动物，还因为动物能帮助他们从安全的情感距离来思考问题。有时候，你若能感受到一只海獭心烦意乱的情绪，就会更容易承认自己的恐惧和焦虑。同时，动物通常是中性的，对两个性别的孩子都有吸引力。

让事实变得有趣

并不是所有的图画书都在讲故事，许多让人难以忘怀的图画书都另辟蹊径。比如有些图画书展示的是精彩纷呈的现实生活，简短、明了。许多纪实类图画书利用独特的艺术形式来讲述历史事件或解释科学话题。对一些孩子来说，检索类的图书或百科全书那样编排的图画书，甚至比虚构的故事更扣人心弦，即使最爱故事的孩子偶尔也会沉迷在这类图书中。它们同时也是孩子可以自己“读”的书。理查德·斯凯瑞曾描绘过一个角色密集的繁忙场景，有浣熊、猪和一条有趣的虫子……它们给孩子们提供了大量信息，但简练、没有太多文字的故事让他们无须花费太长时间就能沉浸其中。很多人（包括我们）在真正懂得阅读之前，就看过理查德·斯凯瑞的《忙忙碌碌镇》，并且记忆犹新。

润物细无声

出色的图画书能以一种微妙、有趣、非强迫的方式对阅读行为进行强化训练。图画书可以直接讲解字母表中的字母（米夏埃尔·埃斯科菲耶著、克利斯·迪·吉尔卡莫绘图的《如果没有A》，凯利·宾厄姆著、保罗·泽林斯凯绘图的《Z代表驼鹿》），或使用词汇和语法构建文字游戏（茜茜·贝尔的《我是一头驴！》，帕特·斯特里特和埃里克·布拉斯合著的《你在开我玩笑！》），有的甚至能提高孩子的计算能力（塞尔吉奥·鲁齐尔的《两只老鼠》，薇拉·B.威廉姆斯的《妈妈的红沙发》，丹尼卡·麦凯拉的《晚安，数字》）。孩子们几乎不会注意到这些优秀图画书的亮点，但他们能从中学到知识，还会喜欢上它们。

获得认可的图书

封面上写着获得某某大奖的图画书总是值得一看。在美国，美国图书馆协会（ALA）颁发的年度大奖是行业内的标杆。其中凯迪克金奖和凯迪克荣誉奖每年颁给最佳图画书，科雷塔·斯科特·金奖、普拉·贝普雷奖以及罗

伯特 · F.西伯特奖分别授予年度最佳非裔、拉丁裔和非虚构类的图书。

你需要注意的事情

徒有虚名

当你在一本图画书的封面上看到写满奖项的闪亮贴纸时，一定要认真读读那些小字。一些“奖项”只是营销手段或花钱买来的行业宣传，没有经过外部专家审查。如果你对某个奖项不清楚，完全可以咨询图书管理员或有经验的童书经销商。

一味说教

诚然，书能教给孩子很多东西，但是大部分孩子的问题不可能在一本书中得到解决。有些图书一味说教，会损害故事中诸如人物、情感、情节等基本要素。如果你想寻找一本书来指导孩子应对棘手的挑战，比如学习建立友谊、避免烦人的行为、处理欺凌或克服害羞等问题，其实这样的书比比皆是，但挑选时一定要慎重。幽默之于这类图书就像一勺糖之于一剂苦药，更容易让人接受。还要提醒大家，一些孩子确实喜欢道德说教和有教育意义的故事，关键是要了解自己的孩子。有些故事会让他难堪、恼火或自惭形秽，你也不想让他在故事时间坐立不安吧?

受众是谁?

图画书可以是写给孩子们看的，也可以是老少咸宜的，但孩子的图画书不能单纯迎合成人的口味。平衡成人和孩子口味最完美的方式是皮克斯故事公式：让孩子们在读《玩具总动员3》或《头脑大作战》时咯咯直笑，而陪伴在他们身边的成年人则感慨万千，热泪盈眶，充满怀旧感。如若不然，就会产生与成人流行文化相结合的恶俗幽默。信不信由你，这在图画书里也时有发生，尽管这种不着调的幽默没那么明显。考虑一下一本书是否是以孩子的角度来看待这个世界的。那些看起来面向成年人而不顾孩子需求的图画书，往往在视觉上给人震撼，但在其他方面却完全缺乏吸引孩子的东西，比如幽默、傻里傻气和明快的特征。这些书看起来像是博物馆商店里的，而且也经常在那里出售，大部分孩子看了会感到无聊至极。那些着力于恶搞的图书也同样如此，它们确实只适合成年人看。

以道德为主题的图书

另一个“最不受欢迎”的类型是“贝贝熊系列”之类的无聊道德说教故事，其中一群动物、孩子或外星人的不良行为描述长达28页，而他们被斥责后如何改邪归正仅占了最后4页的篇幅。评论家指出，这类书对不良行为着墨过多，以至于无意中为欺凌和无礼行为树立了典范，往往抢了故事末尾处既牵强又不现实的说教的风头。故事创作完全可以运用细致入微的角色刻画以及幽默的方式，达到更好的行为指导的目的。举例来说，迈克尔·伊恩·布莱克著、黛比·里德帕思·大井绘图的《小土豆好无聊》里面有一个土豆——是的，没错，是一个土豆，相信我们——不停地向一个无聊的孩子说它感到无聊，还念念有词："没劲！"这远比一个父母责骂两个孩子成天躺在家里无所事事的故事效果好得多。

围绕电视角色改编的图书

有时候出版商利用电视节目的热度，围绕官方特许授权的电视角色，以最少的文学、艺术投入，大量制作图书。这类图书制作团队中的作家和插画家经常不断流动，所以会造成内容前后不相吻合以及同质化严重的问题；而且基于电视角色的图书会让孩子更渴望看电视。如果你的孩子非要看《小猪佩奇》的书，就随他去吧，毕竟这也是一本书，但要尽量控制这类图书的数量。

我们挑选的图画书

真正的经典

《会说话的骨头》| 威廉·史塔克

***The Amazing Bone*, William Steig**

猪小姐小珠子和她的新朋友——一根会说话的骨头，能够智胜一群强盗和一只饥饿的狐狸吗？跟史塔克的其他故事一样，这个充满幻想的故事会让你不由自主地翻页，爱不释手。《戈基飞天记》《勇敢的艾琳》《迦勒和凯特》，还有《驴小弟变石头》也都是引人入胜的佳作，史塔克是一位当之无愧的大师。

《胡萝卜种子》| 露丝·克劳斯著，克罗格特·约翰逊绘

***The Carrot Seed*, Ruth Krauss, illustrated by Crockett Johnson**

这本书告诉你，种下一粒种子并呵护它长大需要足够的耐心和技巧，这样才会得到像书中"就如同小男孩早就知道的那样"令人满意的结局。

《100万只猫》| 婉达·盖格

***Millions of Cats*, Wanda Gág**

一对老夫妇决定养一只猫，结果养了不

是一只，而是数以百万计、十亿计、万亿计只猫。这本荒诞不经的幽默图画书出版于20世纪30年代，历经近百年，依然经久不衰。

《阿罗有支彩色笔》| 克罗克特·约翰逊

Harold and the Purple Crayon, **Crockett Johnson**

只用一支超大的紫色蜡笔，阿罗就给自己画了一幅奇幻、刺激的风景画。这是一个关于想象力的经典故事。

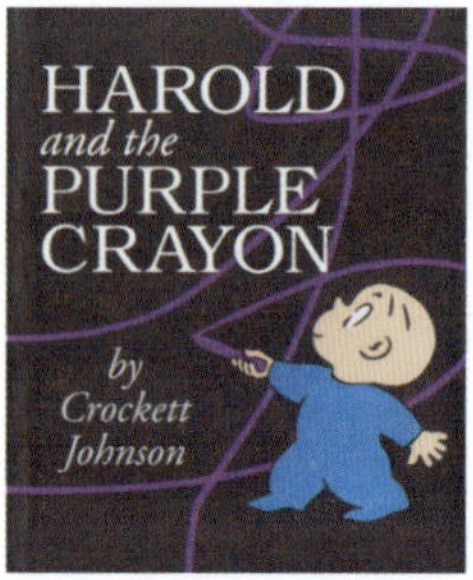

《小房子》| 维吉尼亚·李·伯顿

The Little House, **Virginia Lee Burton**

一座老式的农舍眼看就要被侵占开发，画中的房子就像一张甜美的脸：窗子是眼睛，窗帘是眼睑，它默默地望着你，牵动着你的心。但是别担心，故事有一个圆满的结局。

《树真好》| 贾尼思·梅·伍德里著，马可·塞蒙绘

A Tree Is Nice, **Janice May Udry, illustrated by Marc Simont**

这本书赞美了树木给我们的生活带来的一切，它没有讲故事，而是整理了孩子的世界里发生的一系列美丽而深刻的事实，简单但充满魅力。

《田鼠阿佛》| 李欧·李奥尼

Frederick, **Leo Lionni**

这也是孩子喜欢的故事：别人采集过冬的食物时，小田鼠阿佛看似无所事事。但当食物吃完时，大家才发现，原来阿佛一直在采集阳光、颜色和词语，给大家带来希望、欢乐和生机。

《东88街的房子》| 伯纳德·韦伯

The House on East 88th Street, **Bernard Waber**

这是鳄鱼莱莱和他在纽约市的人类家庭的系列故事中的第一本。戏剧化的叙事、永不过时的幽默、一颗出乎人们意料的温柔的心，都是这本书的亮点。

《卖帽子》| 艾丝菲·斯劳柏肯纳

Caps for Sale, **Esphyr Slobodkina**

这本书讲述了一个男人卖的帽子被一群顽皮猴子偷走的故事，它以出色的视觉

效果和猴子有样学样的情节而著称，深受孩子们的喜爱。

《月亮先生》｜汤米·温格尔

Moon Man, **Tomi Ungerer**

从汤米·温格尔的作品中选出一部最喜欢的书，不是一件容易的事，而这部作品却很容易让你喜欢上它：月亮先生为了参加他曾目睹过的节日庆典，来到了地球上。他在花园派对上快乐地跳舞，却因为自己长得与众不同，被惧怕他的人投进了监狱。所幸他逃了出来，并被一位友好的科学家用火箭送回了家。

新经典

《别让鸽子开巴士！》｜莫·威廉斯

Don't Let the Pigeon Drive the Bus! **Mo Willems**

威廉斯笔下的一只自作聪明的鸽子——一只一心想开公共汽车的烦躁的都市小鸟，已经成为一个童年的象征。他的书总是能够让孩子们参与到故事中。先读读这本，再读读同一系列的其他几本吧。

《流浪狗》｜马克·西蒙特

The Stray Dog, **Marc Simont**

在这个情感细腻、图文并茂的故事中，一只流浪狗找到了自己的新家。它改编自一个日本传说，讲述了孩子们让父母改变主意的故事。如果你家没法养狗，那就读一读这只狗的故事吧。

《到处都是婴儿》｜苏珊·梅耶斯著，马拉·弗雷齐绘

Everywhere Babies, **Susan Meyers, illustrated by Marla Frazee**

可能没有人能比马拉·弗雷齐画的婴儿更可爱、更细腻了。书中婴儿的一举一动都憨态可掬，不论是宝宝还是大人都会爱上他们的。

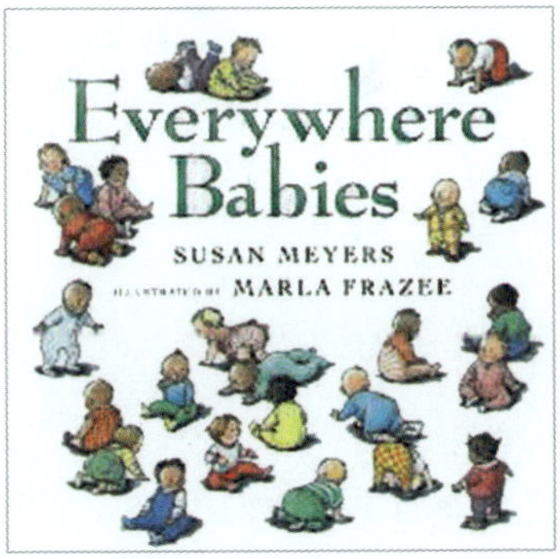

《火车》《农场》和《海滩》｜艾莱沙·库珀

Train, Farm, **and** ***Beach,*** **Elisha Cooper**

这些精美的纪实类图书，具有早期绘画大师严谨细致的风格和艺术审美情趣，对于所有对日常生活充满好奇的孩子们来说，它们有着无穷的吸引力。

《海底的秘密》| 大卫·威斯纳

***Flotsam*, David Wiesner**

这本无字书以一个孩子在海滩上发现一个相机为开端，继而展开了神奇的时间旅行。这本书起初看似用了现实主义的艺术表现手法，但之后的超现实主义色彩会颠覆你最初的认知。威斯纳是用画面讲故事的高手。

《你好，灯塔》| 索菲·布莱克尔

***Hello Lighthouse*, Sophie Blackall**

这是一本让人印象深刻的书，它追溯了一座经几代人守护的灯塔的历史，展示了这种已不复存在的生活方式中的危险、变故和英雄气概，捕捉到了在苦乐参半的时光中大海的永恒之美。

《影子》| 苏西·李

***Shadow*, Suzy Lee**

一个小女孩用手电筒创造了一个神奇的影子世界。这本书有趣而精致，几乎没有文字。作者是一位极有天赋的作家，她的其他作品如《海浪》和《线》也非常值得一看。

《小老头》| 保尔·欧·泽林斯凯

***Knick-Knack Paddywhack*, Paul O. Zelinsky**

这本书用一首古老的校园韵律诗重新描绘了一个男孩的白日梦，书里的奇妙构想会让孩子们兴奋不已，也会给大人们带来惊喜。

《哆悉哒？》| 卡森·埃利斯

***Du Iz Tak?* Carson Ellis**

这是一本关于植物生命周期的创意故事书，有趣而神奇。作者让故事中的昆虫角色们说一种独创的虫语，令人震惊的是孩子们完全能够理解。这本书的绘画和故事富有想象力，细致入微，十分精彩。

《他们说蓝色》| 吉利安·塔马基

***They Say Blue*, Jillian Tamaki**

对孩子们来说，季节和时间的变化是有魔力的，这种对大自然深刻的感官探索以及通过展现色彩的镜头体现出来的时间的流逝，必将吸引孩子们的目光。

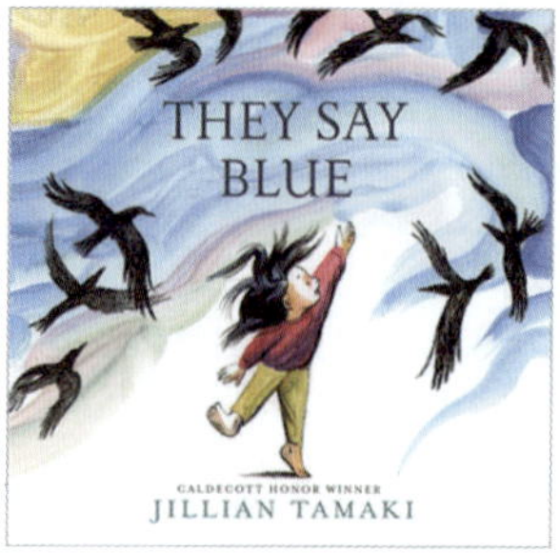

睡前图画书

《厨房之夜狂想曲》| 莫里斯·桑达克

***In the Night Kitchen,* Maurice Sendak**

米奇半夜醒来，来到厨房，帮助面包师准备早餐蛋糕。对孩子们来说，这是一场美妙的梦中奇遇。仔细观察书中的图画：桑达克埋藏了许多需要让大人去捕捉的视觉内涵。

《晚安，大猩猩》| 佩吉·拉特曼

***Good Night, Gorilla,* Peggy Rathmann**

“晚安，大猩猩。”动物园饲养员说道。但是这只淘气的大猩猩还没完全做好入睡的准备。这本几乎没有文字的图画书为家长们每次朗读都提供了可进行改编的空间，既能按部就班地讲故事又能即兴创作，给孩子带来不同的惊喜。

《睡前五分钟》| 佩吉·拉特曼

***Five Minutes to Bedtime,* Peggy Rathmann**

这个男孩的睡前时间有许多滑稽的事情，充满乐趣。尽管书中词语很少，但可以用至少十五种不同的方式来阅读。

《该睡觉了》| 梅姆·福克斯

***Time for Bed,* Mem Fox**

农场里的动物父母和孩子之间令人着迷的晚安问候，会让孩子们进入一种近乎昏昏欲睡的舒适状态。读完这本书，你的宝贝就睡着了。

《ZZZZZ一本讲述睡觉的书》| 尹成娜

***A Book of Sleep,* Il Sung Na**

综合运用油画、钢笔画和数字媒介，尹成娜给她的动物作品增加了奇思妙想，将每一幅画都变成了一个梦境。

《晚安，工地上的车》| 谢里·杜西·林克著，汤姆·利希滕霍尔德绘

***Goodnight, Goodnight, Construction Site,* Sherri Duskey Rinker, illustrated by Tom Lichtenheld**

如果你的孩子是个爱车族，那么这本书的好处就显而易见了。即使再吹毛求疵的小读者也会被这富有深厚温情的机器所打动。

《谢谢，晚安》| 帕特里克·麦克唐奈

***Thank You and Good Night,* Patrick McDonnell**

麦克唐奈创作的这本可爱的睡前图书，

讲的是三个动物朋友举行睡衣派对的故事，将孩子可爱的傻气、对世界的好奇和对万物的感激巧妙地编织在了一起。

《我不困，我不想睡觉》｜罗伦·乔尔德

I Am Not Sleepy and I Will Not Go to Bed, **Lauren Child**

“查理和劳拉系列”图书塑造了一对人气超高的可爱兄妹角色，非常值得一读。这本书描述了他们美妙的想象之旅，为了哄劳拉上床睡觉，查理使出了浑身解数。

《回家的夜晚》｜宫越晓子

The Way Home in the Night, **Akiko Miyakoshi**

这本来自日本的图画书运用了柔和、清淡的炭笔和色粉，营造出梦幻般迷人的气氛。夜幕降临时，父母抱着小兔，穿过静谧的城市街道，走在回家的路上，他们看到了黑夜中的人生百态。

《猫头鹰宝宝们》｜马丁·瓦德尔著，帕特里克·本森绘

Owl Babies, **Martin Waddell, illustrated by Patrick Benson**

三只小猫头鹰宝宝夜里醒来，发现妈妈不见了，非常担心，但妈妈还是回来了，于是它们又都安心地睡着了。在这个温暖的故事里，不仅有精美的插图，还有……可爱的猫头鹰宝宝们!

第二部分

阅读成长

接下来是阅读的两个重要阶段，

我们用两部分来阐述：

“初出茅庐”和“独立阅读”。

初出茅庐

所有父母都问过自己这样一个问题：我的孩子什么时候能学会阅读？孩子对识字感兴趣并开始认读书里或书外看到的字，即使在同一个家庭中，这个神奇的时刻来临的时间也不同：有些孩子在4岁，也有些在6岁或7岁；有时候是家里最大的孩子，有时候是最小的。帕梅拉和玛丽亚都见证了各自的女儿——家中老大——成长中的相同经历，她们比自己的弟弟们大约提早一年学会阅读。女孩的大脑比男孩的大脑在阅读能力方面发育要早。但不管男女，大多数父母都曾描述过，有很长一段时间孩子既搞不定字母也不认识词语，然而，突然有一天他的理解力开始爆发，再后来会规律地但仍然突飞猛进地跳跃发展，直到有一天他能读简短的句子了。这个过程真的很神奇，所以，不要急于求成。

每个孩子都有各自的阅读步伐，所以不存在独立阅读的“正确”年龄，也不存在让每个孩子在某个年龄段——比如说5岁半——去完全学会阅读。事实上，很少有5岁的孩子能够完全做到独立阅读，尽管学前班的许多活动都是以此为目标来设计的。

你如果一直在关注孩子阅读习惯的养成，那请你相信，你的孩子正以适合自己的节奏向着独立阅读迈进。

等一等，也许你会说，你孩子上的学前班里有个4岁的孩子已经开始读章节书了，而学前班老师说你的孩子在阅读方面“有点滞后”。孩子说他在看书，但看起来只是机械地背过了里面的文字。你家的老大在这个时候早就开始阅读了，你和妻子小时候都擅长阅读，为何这个孩子对书就是不感兴趣呢？

这类问题几乎困扰着每个小朋友的家长，或许，那个4岁小读者的父母是个例外，但他们肯定也会有别的烦心事。例如，孩子挑食，只吃白色的食物，或拒绝穿靴子。我们都有各自担心的事，但实际上，孩子什么时候学会阅读以及学得快与慢，大可不必担心。其实，不管孩子独立阅读的时间早或晚，你都没有必要为此苦恼（稍后我们会谈到一些合情合理的担忧）。正如所有人都乐于接受爱因斯坦很晚才学会说话这一事实，许多家长也会夸耀他们阅读“滞后”的孩子最终变得求知欲旺盛、见多识广。例如，帕梅拉的三个孩子中，阅读起步最晚的那个，最后却成了博览群书的阅读者和充满创作激情的作家。

事实表明，儿童应该晚一些开始独立阅读，最好等到他们的大脑发育得更加完善、具备了特殊编码和视觉扫描能力的时候。在德国，孩子6—7岁才开始读标识性的文字；在北欧的大多数学校，孩子到7

岁才开始上正式的阅读课。没人会说那些国家培养的是文盲。他们的想法是，既然许多真正聪明的孩子在7岁前无法进行独立阅读，那还不如把教学时间放在其他科目的学习上——数学、科学、艺术、音乐和社交技能。当孩子具备了阅读能力时，他们将有足够的知识储备去阅读更复杂的故事。这种模式会使阅读的起步阶段更有成效。可惜的是，除了一些改革中的学校、国际学校、蒙特梭利和华尔道夫附属学校，这一理念在美国基本站不住脚。

你需要了解的事情

摆脱“滞后”的恐惧

在当下，任何“滞后”感都会引起忧虑，但孩子何时、如何掌握各种各样的生活技能，及其会带来怎样的长远影响，这些问题大多数人都不会太过担心。若你的孩子在操场的攀爬器材上比其他小朋友爬得慢，或者他比别的孩子大一点儿了才会系鞋带，你是否会有些忧虑？当然不会。孩子成长过程中绝大多数里程碑式的时间节点——包括阅读——与后来的认知、身体机能或技能并没有很大关系。尽管如此，很多孩子还是被强迫甚至有些赶鸭子上架似的过早学习阅读。孩子们眼睛盯着书本，脑子里却是一片空白，这只会徒然增加他们的挫败感。为何不退一步，等待合适的时机呢？

强化积极因素

不管你的孩子多大或处在哪个阅读阶段，你始终要对他的阅读给予积极的情感回应。与孩子分享读书的乐趣，但不要刻意地关注他学习阅读的进程——在这一点上，你甚至可以偶尔装一下糊涂——也要鼓励孩子身边的其他看护人采取同样的策略。如果奶奶或保姆总是不停地问“你读书了吗?”或其他想要搞清孩子能力水平的问题，结果恐怕会事与愿违。不要让孩子觉得你在监督他，孩子常常对父母的话语或行为中所表现出来的失望或担忧特别敏感。有时候善意的提醒也会使事情的发展与你的目标背道而驰，孩子会为了不让你失望而远离书本。除此之外，适合这个年龄段的许多图书都很棒，赶快一*起*阅读吧！随着故事尽情欢呼、大笑、流泪吧，享受书中的每一页！如果你完全或基本上做到了，那么恭喜你！

牢记你的角色

家庭阅读应该是满怀好奇地去探索和发现。当然，孩子在学校里学习阅读技巧，你也应该予以支持，但是作为父母，你最重要的任务——意义最为深远——所以，把功课留给学校，不要把孩子的课业达标任务揽到自己身上。你的任务是让阅读成为一种乐趣。

坚持常规的有声朗读

你还要意识到，从亲子阅读到孩子独立阅读，这是一个巨大的转变。对许多孩子来说，这如同感情断奶，会引起他们情感上的焦虑。无论你的孩子从几岁开始独立阅读——早到4岁或晚至7岁——为他读书的习惯不要突然中断。这就和孩子刚刚学会游泳，你还要待在游泳池一样，他阅读的时候你也要陪在旁边。亲子阅读对孩子来说是一种安慰，也是你们之间的情感纽带。再说，你也不想让孩子觉得他因学会独立阅读，而失去了你的陪伴吧？如果孩子不停地哀求，让你读给他听，那就照做好了。他是在跟你说，他仍然希望，也需要和你一起分享他的故事时间。记住，阅读不仅仅是你自己与文字打交道，你还需要为整个家庭生活打造一个完整的格式塔[①]。即便孩子在独立阅读方面取得的巨大进步令你惊喜不已，也不要忘记坚持朗读那些心爱的图画书，同时也要开启新书的朗读。这不会有错的！

阅读经典

不管孩子独立阅读程度如何，4—8岁是开始朗读复杂、深奥图书的黄金时段。尽管他自己或许还不能独立阅读这类图书，但听的过程一定会带给他激励和引导。想想那些文学经典，像罗尔德·达尔的《查理和巧克力工厂》或者E.B.怀特的《夏洛的网》，还有一些，如凯特·迪卡米洛的《爱德华的奇妙之旅》……这些书拿来给这个年龄段的孩子读，一定会成为你最开心的朗读体验。他们不需要理解每个字的意思就能享受故事，而你会发现自己一次次惊叹于它们的美丽与深度，也会感受到优雅、完美的语言在心中留下的恒久印象。像《爱丽丝镜中奇遇记》之类的书，它们有着复杂的文字游戏和智力谜题，同他人一起分享效果会更好。

你我共读

你在朗读的同时，还要观察这个初出茅庐的阅读者是否也想参与。最初你可以指着孩子认识的字一个个让他读，当你最终发现孩子能流利地阅读简单句子时，就可以慢慢地拉开亲子共读的序幕。你们可以一页页交替朗

---

① 指有机整体，该词语常用于心理学领域。

读，许多童书都是为轮流阅读的乐趣而设计的，比如莫·威廉斯的“小猪小象系列”；还可以每人扮演一个角色，甚至可以加上肢体表演。共读的最终效果还取决于你如何巧妙地——甚或有趣地——表达你的要求。不要说“你来读最后这部分给我听”，而要说“我好喜欢你读故事给我听”或“轮到爸爸听故事了”。

在孩子大声朗读时，你要注意倾听，不要打断，也尽量不要纠正他，除非万不得已、无法理解。蒙特梭利学校的老师有句名言：“教，错不必纠。”你可能认为你的纠错对他有好处，但往往会浇灭孩子初始的热情和刚刚萌生的信心。

不要喋喋不休

玛丽亚家的老三7岁时，每天晚上还让别人读书给他听，拒绝像他的哥哥姐姐在他那么大时“你读一页，我读一页”的模式，即便迫不得已读的时候，也总是慢慢吞吞——就像是在艰难跋涉，毫无兴趣可言。最后他终于说出了问题所在：“我讨厌大声朗读。”如果你的孩子拒绝读给你听，不妨考虑一下是否也有这种可能性，而不要盲目说孩子独立阅读有困难。大声朗读并不代表一切。有些孩子有较强的自我意识，还有一些孩子觉得朗读拖慢了阅读速度——当你默读时，速度比朗读快。有些孩子虽然很难把所有内容大声读出来，却能够很快地独立阅读。

正如万事都有一个限度，对那些有独立阅读能力却不愿自己读书的孩子，不能总是听之任之。玛丽亚有时候会对7岁的儿子说:“我真的睁不开眼了。亲爱的，你读一页好吗?”然后他就会照做。

坚持读图

鼓励阅读，给孩子提供大量的图书和阅读材料——但不要施加压力哟！——尤其是图画书，甚至无字书。这看似有点矛盾，但是当孩子开始学着认读、一只脚正准备跨入独立阅读的门槛之际，各种各样的图像和图画变得空前重要，教师们称之为“视觉阅读”。我们经常听到这样的说法：我们的文化变得越来越可视化——习惯于浏览众多用图像展示的信息，很少或几乎没有文字，例如乘机安全卡或一件家具的安装说明。能够阅读一系列图片不仅是当今社会重要的生存之技，也是学习阅读的一个关键阶段。对图画、图表或视觉故事内容的解码、理解和评价有助于开发孩子要用来识字读书的那部分大脑。

孩子上一年级后，意味着会有更多的功课，这时候图画书就会起到特别重要的作用。一本通过语言和精美图画讲述故事或分享知识的图画书，是孩子心灵的抚慰剂，因为这时孩子很可能整天要做一些令人沮丧的作业。同样地，正当孩子对阅读越来越自信的时候，阅读文字和图画比例恰到好处的作品，对他来说算得上是一件轻而易举的事了。

想想看：每个人在阅读大段文字并对其解码的过程中，都很期待和欣赏插图带来的“短暂休息”，以及插图提供的额外信息——面部表情、肢体语言和视觉笑话。

漫画式思考

除了图画书以及后来会慢慢接触到的章节书外，这个年龄的小读者还喜欢看一些专为初出茅庐的阅读者创作的最新漫画和图像小说。字少图多的书和文字丰富的书一样“高级”—— 尤其是当下为孩子创作的漫画书和图像小说，无论质量还是丰富度都有了很大提升。如今漫画图书已远远超越了超级英雄以及愚蠢、粗俗的幽默的范畴。实际上，漫画 —— 无论是像《花生》这样的经典，还是刻画太空探索者或普通孩子的新作品 —— 都是孩子学习阅读并爱上阅读的绝佳方式。

除此之外，当今许多畅销的图画书和儿童早期读物深受漫画的影响，使用对话框和分格的形式。一些出版商倾力打造漫画图书，例如图恩书屋（Toon Books）出版的早期读物系列，就是为了培养孩子的阅读能力，因而设计成漫画的形式。这种设计把文本和图画切分成易读易记的格子，使故事布局在页面上逐步展开，很容易被读者消化吸收。

走出家门的小读者

你还可以带刚刚学会阅读的孩子去体验一些以图书、阅读为主题的愉快的活动。如果他喜欢的一位作家来到当地书店或图书馆做读书签售，无论如何都要带上这个小粉丝前去与他见个面，看看现实中的他。要将这次活动当成家中的一件大事或者一次特殊的亲子外出活动。在现阶段，亲临现场与作者见

面会产生不可思议的激励效果，这种效果对一个正在努力掌握独立阅读窍门的孩子来说尤为显著。作者通常会在读书会上谈起他们的创作经历，这有助于孩子更好地理解并欣赏故事的艺术性。一本有作者本人签名的书会成为孩子一生的财富，成为孩子与作者之间永久的情感纽带。这位作家或许会引领孩子进入另外一个神秘的王国，极有可能的是，与作者见面并看到他的一言一行后，你的孩子就会想把这位作者的每一本书都拿来读一读。

与作家见面

与孩子喜欢的作家见面，或许也会让你喜出望外。童书圈里有一个小秘密，那就是许多作家和插画家并非单靠卖书谋生，他们还会参加学校、图书馆和书店举办的有偿活动，他们的演讲能力由此得到很大提高。这些作家和插画家无疑很擅长与孩子们打交道，除此之外他们还会为成年人额外奉送上一些小惊喜。一个经验丰富的童书创作者能使几代人跟着他流泪、欢笑，为他的天资才华、多才多艺以及宽阔胸怀而激动不已。

酷爱阅读

在现阶段，重要的是一有机会就要不断强化和渲染阅读和图书的重要性。向孩子传递你非常看重阅读这一信息，形式可以不拘一格，比如送给别人的书用礼品包装纸精心地包裹起来，将自己的喜爱之情表达出来；当一个你迫切想看的系列出版新书时，或者看到你的名字出现在图书馆的借阅等候名单上时，不要吝啬你的表情，喜形于色绝不为过；在餐桌上，将“你在读什么书”当作惯常话题，和“你在看什么电视节目”以及“今天办公室里发生什么事情”

一样来谈论；无论具体地谈论某一本书还是漫谈阅读，都要积极主动地营造一种激情澎湃的、令人愉悦的交流氛围。这种热情绝对具有感染力，能帮助刚学会阅读的孩子顺利度过这个有点挑战的关口。

开启社交阅读

随着孩子开始社交，对于朋友所喜爱的读物，许多孩子也想一读为快。当你和孩子的朋友在一起时，问问那个朋友：“你在读什么书?”可以谈论一下那本书：为什么喜欢？目前最喜欢的是哪一部分？问一问其他父母，*他们*的孩子都在看些什么书，然后找到这些书。通过主动地分享阅读，你在帮助孩子围绕图书建立社交和友谊圈子。

大孩子的事情

你也可以跟孩子明确表明，阅读是成熟的表现。毕竟阅读是一种成年人的休闲方式，是个人独享的，甚或是私密的。如果你的孩子上床时间是7点，可以晚睡30分钟，在床上安静地阅读，条件是他愿意将这30分钟用来阅读。这让阅读变成了一种特殊待遇——只有大孩子才能享有的待遇而不是强迫去做的任务。否则，如果不读书，7点整准时关灯睡觉。

当你们一起去图书馆或者书店时，可以考虑让孩子在儿童区域随便阅览，不必时刻跟在他身后。让他自己去发现，自己做选择，自己做决定。如果不放心，可以时刻留意他的行踪。但你必须让他知道，他现在已经学会了阅读，作为父母，你很高兴看到他能够独自一人随心所欲地阅读。

小心谨慎，不盲目行事

为孩子选书时，你可以随时关注这些书的适读年龄。很多针对这一阅读阶段出版的图书，其封面上标着本书适合什么水平的读者，这让选书过程变得更为简单，但这些信息不要让孩子知道。你一定不要用多么“简单”或多么“难”这样的字眼来谈论一本书，也不要谈封面上表示阅读等级的数字或字母，尤其在等级不高的情况下，会给人一种评判或打分的感觉（永远不要把你的孩子的阅读水平跟别人的去比，哪怕是好意）。

如果你的选书导向是为了促使孩子的阅读水平大幅攀升，孩子很快就会揣测出你的用意。这就有点冒险了，可能会使孩子与阅读本身的快乐背道而驰。记住：当时机成熟时，他自然会流利阅读。对你来说，更重要的问题是：他想去读吗?

竞争性因素

不幸的是，在很多学校，阅读已经成为一项竞技性运动，教室里充斥着醒目的、体现阅读成功与否的详细指标。比如老师分出阅读小组，以此来区分哪些孩子“更擅长”阅读。你的孩子很可能清楚地知道与同学相比，自己处在什么水平。实际上，这很可能会让他感到沮丧或压力，而如果他的成绩名列前茅，则可能会让他沾沾自喜或幸灾乐祸。如果事情真的是这样，那么你的任务就是消弭攀比，给予安慰和鼓励，使孩子信心倍增。你的孩子也许阅读不够流利，朗读起来却声情并茂；或许他挑选的书正好是你特别喜爱的——他的品味很棒，总之，要及时指出他的长处并予以肯定。

与其告诉他一本书多么“简单”或多么“难”，倒不如讨论一下书的主题或故事情节，或一起评论许多孩子喜欢的一本书是不是好书，可以聊聊它是多么有趣，谈谈它的艺术美感，或者指出故事中的女孩跟他一样喜欢大猩猩。

阅读的两个方面

如果你的孩子的阅读水平很高，读的书远非同龄人所能及，他也可能会面临一些意想不到的挑战。比如说，孩子可能会顺利识字并流利地读出句子,但不能完全理解故事。学习阅读实际上包含两个不同的方面：对字词的“解码”技能，即认识字词，这是一方面；随着故事或信息的一步步推进，能够跟上理解，是另一方面。往往这两方面进程不能同步。即便一个孩子认识书里所有的字词，但不能真正理解到底讲了什么，他仍然还是能够读下去的。

把控难度

一个还不到6岁的孩子，即便阅读速度快、理解能力强，也要注意他读的书不要超出其实际理解能力和欣赏水平。或许你家的正在上学前班的孩子能够阅读一本9岁孩子才会读的书，可是，他从中获得了什么呢？他是否会错过书中的许多细节、幽默和他未曾体验过的微妙情感？这种情况其实是不可避免的，但如果你认为他正在读的书不适合或有负面影响，那就真的有问题了。一些书或许更适合孩子大一点儿的时候阅读。密切关注他正在读的书，当然，也要抽空与他探讨，甚至可以鼓励他过一段时间，比如升到三年级时，再去读某些书，那时他会因为与书中人物的年龄接近而更喜欢这些书。还要记住，他现在正在读的一些书，以后还应该再读，那时他对整本书会有更深层的理解。

角色年龄定位

一条经验法则说到，孩子们喜欢阅读那些故事角色与自己年龄相仿或稍大一些的图书，但是太多的例外让我们不得不三思，是否要把这条法则当作金科玉律来遵守。例如，“永远的雷梦拉系列”中，雷梦拉在上学前班，而她的故事更适合一、二年级甚至三年级的学生，他们喜欢自己比这个懵懵懂懂，时而还会被误解的小娃娃略胜一筹的感觉。

如果你有一个擅长阅读的孩子，而且小小年纪就有高超的理解力，当他在自己并不擅长的某些方面表现出色时，比如读了一本题材不熟悉的书，大声朗读时放慢速度，帮助不识字的弟弟妹妹辨认字母等，这时你要通过赞美来鼓励他继续努力。不管做什么事情，孩子都会从助人和教人的过程中获益良多（这也可以让他不至于太缠人）。不断鼓励他向更高层次迈进，如果他在二年级，可以给他你三年级时喜欢的一本书，甚至可以在上面写上赠言当作礼物送给他，因为你“认为他已经达到了那个水平”。告诉他，你迫不及待地想和他讨论那个聪明的主人公，或者想知道他会为故事安排怎样的结局。

无与伦比的波特先生

我们喜爱“哈利 · 波特”系列，其中一个原因是尽管许多青少年和成年人对这套书狂热不已，但J.K.罗琳当时是为二年级到七年级的孩子创作的。没想到波特现象影响力如此之大，以至于更小一些的孩子都争相阅读，这真是出乎人们的意料。我们的建议是：不要把“哈利 · 波特”过早强加给孩子。很多父母夸耀“我家学前班的孩子在读‘哈利 · 波特’”——我们深知这是父母的育儿竞争。好像每个人都认识一两个这样的孩子，一年级就读完了这个系列，或者父母把一整套书完整地读（或播放音频）给还不会阅读的孩子听。如果大人孩子都乐意的话，那还好，不过“哈利 · 波特”第一部也不一定适合刚学会阅读的孩子独立阅读，何况后几部书里有一些太过成熟、太过黑暗的主题，真的会吓到小孩子（如无辜孩子的死亡、少年的浪漫故事、青春期和背叛等）；J.K.罗琳创作这套书的想法是，她的目标读者在追随这一系列图书的过程中会慢慢长大，也会慢慢适合阅读后续书中的内容了。

如果你正在考虑什么时候该把波特系列推荐给孩子看（假设选择权还在你这儿），我们建议最好是等他有了足够的阅读及欣赏能力。孩子们确实不需要一辈子都由你来掌舵，由你来决定是否最终要读“哈利 · 波特”。对许多人来说，这套书不仅提供了一次令人着迷的阅读体验，而且在未来几年里还会成为他们身份的重要特征。玛丽亚的女儿15岁了，仍然把自己看作是斯莱特林人，这与其他的兴趣爱好共同塑造了她的个性特征。如果你的孩子从来不执着于阅读“哈利 · 波特”，那也很好。有些孩子不喜欢幻想主题的书；还有的孩子拒绝他们认为是过分炒作的书；甚至有的孩子——玛丽亚也有一个这样的孩子——觉得这种书非常无聊；还有的孩子，或大或小，觉得这书太过恐怖。市面上还有很多好书，让孩子根据自己的喜好去选择吧。

孩子不读书该怎么办？

让我们暂停一下，来重申一个简单而永恒的事实：爱上阅读并不容易。对很多孩子来说，这不是一件简单的事，尤其当孩子年纪尚小或大脑还没有完全做好阅读准备时，这可能会是一个令人备感沮丧的过程。父母本身也会感到巨大的压力——压力或许来自他们自己的父母（“你在这个年龄时已经开始阅读了！”）、爱评头论足的邻居、心存善意的老师，或凡事操心的长辈。看着孩子苦苦挣扎，屡屡受挫，父母心中不免会难受。

何时寻求专业人士的帮助

如果孩子到了一年级，认字还磕磕绊绊，那该怎么办？如果孩子甚至连尝试阅读都拒绝该怎么办？这些其实都是合情合理的担忧，而且这些问题在专家的帮助下都能迎刃而解。

要清楚地看到，有阅读问题的孩子很擅长隐藏他们阅读困难的真正根源。分析孩子在识字和拼读时可能遇到的每个障碍，或许你会吃惊地发现，他阅读速度慢是由于视力或听觉问题，只不过他很巧妙地回避了这个问题。有些孩子甚至在视听测试中蒙混过关，特别是当测试在学校或诊所进行时，他们完全可以看到或听到其他孩子做的同样的测试。甚至有些患有明显朗读障碍的孩子都十分擅长掩盖自己的问题。一旦排除了这些生理上的类似问题，你就应该跟孩子的老师或学校里专门指导阅读的老师谈一下——现在几乎所有的小学都有经过专门训练的专职或值班老师，他们能够发现并帮助纠正神经或认知方面的阅读问题。如果你认为学校资源还不足以解决你的孩子的问题，可以咨询私人阅读专家来帮助找出孩子是否存在发育或学习方面的障碍。如果你很担心，就要尽早发现问题并咨询专家，不要错过时机，以免造成不必要的伤害。

以快乐为目标

你无法控制教室里老师的所作所为（他可能受到来自不同方面的压力和约束，如国家标准、课程大纲、行政人员和学校董事会成员的要求），但你*能够决定*的是在家里该如何推进阅读。你可以使阅读过程一直充满兴奋、快乐、赞扬或激情，而不是一味沉闷地翻书，让本就不爱阅读的小孩子更加难受。

随着孩子越来越接近独立阅读的阶段，你很可能会遇到一些棘手或敏感的问题。部分问题的处理方法并不复杂，无外乎动之以情或温柔以待。如果你的儿子的朋友们已经能够独立阅读，而他因无法独立阅读而感到难为情，或者你的女儿嘲笑她的妹妹还看不懂苏斯博士，你要提醒他们，每个孩子掌握各种技能的时间不尽相同。你可以指出，弟弟或妹妹比同龄人更早学会了系鞋带，或在校园活动中表现出色。你也可以讲述爱因斯坦语言发育迟缓、罗斯福的童年有许多疾病或其他人大器晚成的故事，以此向他们解释，有些事情并不是越早越快就越好，能力是靠长期训练得来的。

为成功助力

大声朗读一本韵律书——比尔·皮特的押韵故事或苏斯博士的作品——把押韵的词留给孩子来说。他在读？还是在猜？还是在调皮地说出一个并非书里的词呢？这都无妨。这样做不仅有趣，而且也是一种阅读方式。该鼓掌时就鼓掌，该大笑时就大笑，让他相信你对他的回答十分赞赏。

即使优秀的阅读者也曾纠结过

由于受阅读障碍症等特殊问题的困扰，哪怕一个聪明的孩子要想学会阅读，也不是件容易的事情。就像听觉障碍或孤独症一样，阅读困难是众多发育障碍中的一个。如果你的孩子正面临着其中某个问题，早期矫正会让情况大有改观。有阅读障碍或其他障碍的孩子学习阅读的方法不同于其他学生，解决这个问题的明智做法是去寻求适合他们的专业指导，而不是徒劳地执着于可能并不奏效的方法。年轻人的大脑具有超强的可塑性，在某些模式还没有根深蒂固前尽早矫正要相对容易得多。

如果你的孩子果真有阅读障碍，也不必绝望。有些成就非凡的作家在孩提时代也与阅读障碍抗争过。有人刚开始阅读可能有点吃力，但只要坚持不懈，就会和其他人一样成为优秀的阅读者。一个名叫乔什的12岁男孩就是这种情况。他向玛丽亚讲述了一个鼓舞人心的真实故事：“我有阅读障碍症，花了大约三年的时间学习字母和练习阅读。当我能够阅读了，这让我感到惊喜万分，因为我还记得无法阅读是多么令人忧伤的一件事。有些孩子戏弄我，那真的很不好受。在妈妈的帮助下，我成了一位优秀的阅读者，而且我真的爱上了阅读。我常常拿到什么就读什么。这真是个奇迹。”对于那些在人群中感到格格不入甚至在同样困境中挣扎的孩子来说，乔什的经历真令人慰藉，也让人如释重负。

让阅读体验游戏化

轮流读两个不同人物的台词，或轮流读规定的那一页：如果孩子在你的左侧，则他读左侧那页。如果左侧那页碰巧文字特别多，而他要求与你“调换”，你也不要抱怨。当你在读文字讲故事时，让他通过读图来讲讲故事。如果是漫画书，让他读对话框里的内容，你读其他的文字部分。这招对于有很多“砰砰”和“啊哈”等拟声词或语气词的书来说效果特别棒。游戏化不仅使阅读成为共享体验，也让整个过程*妙趣横生*。

包容错误

我们每个人（尤其是那些疲惫的父母）在大声朗读时都会偶尔读错字或读不清楚。注意到自己出的错，但不要小题大做，这会让你的孩子看到，即使是大人或流畅的读者在阅读时也会犯错——即便他们知道如何去做，也不能完全保证不出错。当你犯了低级的语法错误时，自我嘲讽一下，也不要制止孩子对你的调侃，这会营造一种相互谅解的氛围。在这种氛围中，他绊绊磕磕地朗读，就不会像是发生了一场悲剧那样引人注目。在适合小读者阅读的故事书中，其中有几本，其写作主题就是为了说明错误是不可避免的，甚至是有用的，比如巴尼·萨尔茨堡的《美丽的错误》、彼得·H. 雷诺兹的《味儿》和科琳娜·卢伊肯的《奇妙错误书》，可以读一读。

第一张借书证

许多图书馆没有最低年龄要求，因此在合适的时间请帮你的孩子办一张借书证。孩子的第一张借书证代表着一种认证通过仪式，这让孩子知道，图书馆会员身份既代表一种特权又意味着一种责任。大多数孩子确实非常珍视他们的借书证，这是有原因的。它不仅仅是一张通往许多好书的通行证，

也是一个里程碑。对许多孩子来说，这或许是属于他们的第一张卡。

赞美有方

即使孩子在阅读时读得不是那么流利，也要进行赞美，赞美他流露出来的情感、讲述时洪亮的声音、对故事和图画的理解，还有他的热情。这有助于他释放忧虑并建立阅读信心，哪怕你的孩子明显读得绊绊磕磕。

措辞谨慎

要求孩子和你一起阅读，而不是读给你听。表达的细微差别会产生截然不同的结果，比如"该练小提琴了！""给我演奏一下小提琴好吗?""奶奶真想听一听你新学的钢琴曲"，哪一句能让孩子更快地行动呢？压力可以轻松施加，也可以轻易释放。

听故事，看故事

对于许多患有阅读障碍症或其他阅读困难的孩子来说，有声读物是天赐的礼物。生理上不能读书并不意味着你不能享受故事或聆听优秀的朗读。有声读物能传达文学作品所能带给我们的一切：细致入微的人物刻画、有趣的措辞、复杂的句子结构、引人入胜的情节。你的孩子可以通过听故事喜欢上文学，而到他有能力独立阅读时，就能更好地理解那些作品。那时，他就能充分享受阅读带来的快乐。许多书在出版的同时配有音频，这样孩子们可以一边听一边跟着读。此外，有些出版社还提供了许多精美的图画书视频，通常带有字幕，以帮助儿童在观看时阅读。你还可以在互联网上找到图书的有声朗读视频。所有这些方式的阅读与自己读完全一样吗？当然不是的，但是它们对于有阅读障碍的孩子来说意义非凡。

寻找什么样的早期读物

趣味、冒险、好玩类

带有“早期读物”标签或被认为是“早期读物”的图书，能够引领孩子们进入一个属于自己的图书世界，这是令人自豪又充满了成就感的大跨越。在这些图书面前不要惧怕，而且这些书绝对不会枯燥乏味。去寻找一些能带来惊喜和欢乐的早期读物，即便有的非常简单。苏斯博士给这类书带来革命性变革，还设定了至今仍然适用的标准。适合初期阅读者的图书，让阅读看起来像一场派对，吸引孩子参加，而不是一门还需最终打分的课程。

押韵类

许多早期读物都很押韵，这有助于羽翼渐丰的小读者猜读某个不认识的词语。然而，早期读物不一定非要押韵才好。重复手法和词语排列也同样会有帮助。早期读物甚至运用文字游戏和双关修辞。即使是最基础的识字书，像“鲍勃系列”畅销书，里面也运用了幽默手法和好笑的押韵。

艺术和设计类

早期读物的每一页上的图画都有助于孩子识字、理解；一本优秀的早期读物能在图画和文字之间构建清晰的联系。要确保这些书的设计引人入胜，许多优秀的早期读物只有很少的文字，有时候每页只有一两个词。记住，这些书的主要目的是帮助孩子一级级迈向越来越复杂的图书，重点是要跟上故事的节奏，这和理解与识字一样重要。当孩子读的书文字很少时，尽管放心，孩子也是在阅读。孩子自己独立读完每本书的每一页，这就是令人备感欣慰的壮举。

精彩图画书和早期读物的结合

许多优秀的早期读物兼有图画书的作用。想想诸如“青蛙和蟾蜍系列”或“乔治和玛莎系列”等经典图书。那些故事你可能早已读给你学步的孩子或上学前班的孩子听过。看一下近年来美国图书馆协会颁发的“最杰出美国儿童启蒙图书奖”—— 西奥多 · 苏斯 · 盖索奖的冠亚军得主，你就会深受启发。毫无疑问，获奖作品中的一些钻石级别的珍品正是图画书，如凯文 · 亨克斯的《等待》、劳拉 · 瓦卡罗 · 希格的《先有蛋》、乔恩 · 克拉森的《我要把我的帽子找回来》。对于能够完全独立阅读的孩子来说，它们也是理想的读物。

你需要注意的事情

“分级的”早期读物

这些具有教学性质的读物词汇量有限，并附有太多插图，大部分呈现出教科书的样子而不像图画书。它们一般没有护封，比孩子的图画书稍窄稍高一些，通常是平装本，摆放在书店可以旋转的架子上。许多书上标着类似“我会阅读”或“走进阅读”的标签，分为三级或四级。它们被称为“分级阅读”

读物，而且不经意间就会跃入眼帘，这是因为封面上标有巨大的数字或字母以表示其等级。你的孩子可能在学校里读到过这类书，甚至从学前班就已经开始接触此类图书。因此，我们从不将标有“分级阅读”的读物带回家，以免这些分级数字带来紧张的氛围。

看起来“幼稚的”读物

当你的孩子在年龄稍大一点儿才开始学习阅读时，要谨慎选择那些插图和话题都面向较小的孩子来设计的早期读物。这些读物会让他感到不舒服甚至有些尴尬，对自己的阅读水平不知所措。他是否觉得识别交通工具或动物叫声的书有点太幼稚了呢？要警惕这些，最好选择那些带有强烈漫画风格的读物或者非虚构的趣味读物。

为初出茅庐的小读者推荐的读物

《一条鱼 两条鱼 红色鱼 蓝色鱼》｜苏斯博士

***One Fish Two Fish Red Fish Blue Fish*, Dr. Seuss**

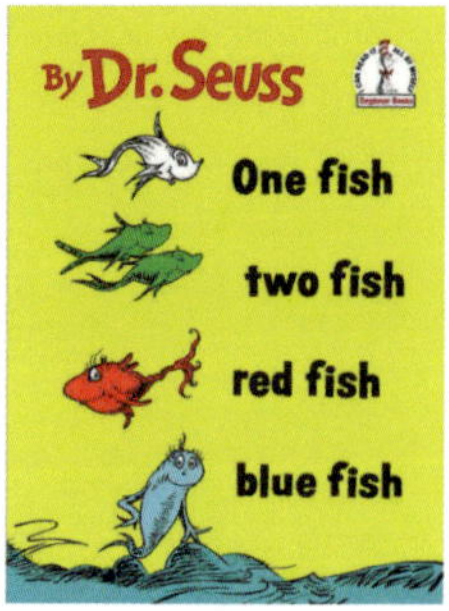

从天上到地下，从陆地到海洋，从现实到想象，苏斯博士为每种生物都创作了一段幽默押韵的小故事。（没有一个家伙会像另一个，不要问我们为啥，去问问你的妈妈。）毫无疑问，这滑稽的描写能让最严肃的脸上露出笑容。

《等待真不容易！》｜莫·威廉斯

***Waiting Is Not Easy!* Mo Willems**

小象不耐烦地等待着小猪许诺的惊喜。“小猪小象系列”的每本书都是天才之作，但这本是我们的最爱。哦，等等，还有这个系列的大结局《跟大伙说谢谢》

也是我们的最爱。

《小老鼠准备好了》|杰夫·史密斯

***Little Mouse Gets Ready*, Jeff Smith**

一本为小朋友早期独立阅读准备的超棒的幽默读物。小老鼠为了能有衣服穿，非常努力地工作，然而，结局却让人捧腹大笑。(剧透预警：老鼠根本不穿衣服！)

《球》《零食》和《狗狗弗兰基》|玛丽·萨利文

***Ball, Treat, and Frankie*, Mary Sullivan**

这些书看上去像图画书，但是它们对于初学阅读的孩子们来说近乎完美——从头到尾只有两三个字，故事益智、有趣、易读，让小读者们兴奋不已。

小狗和小熊系列|劳拉·瓦卡罗·希格

***Dog and Bear*, Laura Vaccaro Seeger**

在瓦卡罗设计的巧妙故事中，一只毛绒玩具熊和一只真正的腊肠犬是最好的朋友。每本书都有三个简短的小故事，故事里的两个小伙伴几乎从未离开过这间屋子，但仍然有令人满意的冒险经历。

《胖龙蓝蓝·找呀找朋友》|戴夫·皮尔奇

***A Friend for Dragon*, Dav Pilkey**

小龙是蓝色的，圆滚滚的，一点儿都不凶——实际上，当你在那些美好、有趣的书里看到它和善又有点忧郁的样子，你就情不自禁地想去保护它，使它免于痛苦。它最需要的东西有时候也是最难得到的，那就是一个朋友。

《汪汪巴克斯》|帕崔夏·麦克兰克伦著，马克·布塔旺绘

***Barkus*, Patricia MacLachlan, illustrated by Marc Boutavant**

麦克兰克伦用简单易读、几乎像催眠曲一样动人的语言，展现了一个勇敢的红发小主人公的一系列奇遇，这一系列奇遇始于一只超级搞笑狗狗的到来，狗狗给自己起了个名字叫巴克斯。布塔旺滑稽有趣的艺术插图给狗狗的冒险之旅增添了糖果色的愉悦。

《完美小孩的传奇故事》和《你不应注意的寓言》|弗洛伦斯·帕里·海德、

西尔维娅·沃思·范·克利夫著，塞尔吉奥·鲁齐尔绘

***Tales for the Perfect Child* and *Fables You Shouldn't Pay Any Attention to*, Florence Parry Heide and Sylvia Worth Van Clief, illustrated by Sergio Ruzzier**

这些在淘气孩子和行为不端的动物之间发生的简短而机智的传奇故事，在20世纪80年代一出现就备受欢迎，当时的艺术制作人是维多利亚·柴思。现在，它们已经再版发行，新的绘者是塞尔吉奥·鲁齐尔，其插画完美贴合书中人物不同寻常的情感。

《乔治和玛莎》|詹姆斯·马歇尔

***George and Martha*, James Marshall**

这些生动风趣，但不动声色的经典图书可以看作是图画书，小读者们特别喜欢与这两只河马共度时光。两只河马尽心竭力取悦对方，但总是事与愿违。

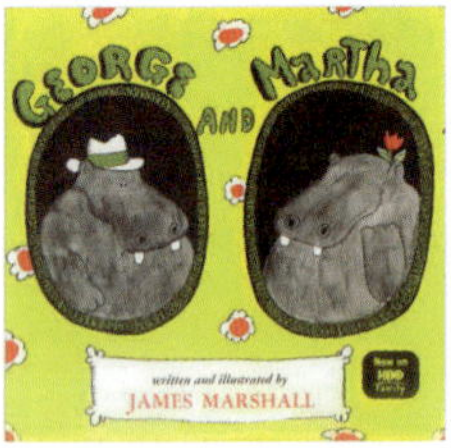

《青蛙和蟾蜍》|艾诺·洛贝尔

***Frog and Toad*, Arnold Lobel**

从20世纪70年代开始到现在，洛贝尔的系列作品仍然深受读者喜爱。书中倾情叙述了忧心忡忡的蟾蜍和宽宏大量的青蛙之间的真挚友谊——这两个主人公外表相似，但性情截然相反。不管是大声读给孩子听或让孩子自己读，都会让其在阅读中感到心满意足。

独立阅读

从磕磕绊绊、跌跌撞撞终于走到独立阅读这一步，多么令人激动啊！孩子生活的方方面面，从学走路到穿衣服，再到骑自行车，都会让人激动，阅读也不例外。作为父母，眼看着孩子一步步迈向独立阅读的阶段，心里别提多美了。现在他正在进入一个更大的世界，一个文字的世界，在这里我们共存互通，消除分歧，放飞梦想。

那么，这一阶段会发生些什么呢？当孩子顺利通过早期阅读时期，他们自然而然会开始关注章节书。如果还没有，你可先向他们展示一下章节书的样貌，而他们很可能已经准备就绪或正在做准备。对于很多孩子来说，经过了早期阅读阶段的苦战后，章节书就像熠熠闪光的奖杯在向他们招手。大量阅读章节书带来的好处是，它使一个小学生惊奇地感觉自己好像长大了。不过不要着急，还需要一些时间才能显现成效。当下你可以给他一个有形的奖励：几本好书或者封面上不带年龄或阶段标签的书。这些书读起来可能更有趣，而且这些新书会带给孩子独特的个人体验，因为里面那些故事正好适合他的理解水平和兴趣。这真是一件幸事。许多为这个年龄群体准备的章节书可能看起来简单、公式化，至少对成年人来说有点单调乏味。话虽如此，这个阶段的孩子的首要任务*恰恰*是形成他们自己的偏好和观点，从一本书中提炼出自己所喜爱的东西。

你需要了解的事情

必读的系列作品

众所周知，一个拥有阅读能力的孩子肯定需要阅读系列作品。何不顺势而为呢？不管是在图书馆还是书店，专门为刚刚学会独立阅读的小读者准备的书架上，系列图书占据了大部分空间，其中就有我们熟悉的，如“神奇树屋系列”“纸片人斯坦利大冒险系列”和“漂亮南希系列”。这些系列中有的多达上百部。浏览这些图书，引导孩子阅读那些你认为能让家庭充满激情和活力的系列。既然每本书通常只读一遍，那么可以去图书馆借阅或去书店阅读，或跟朋友交换阅读。

充满选择的世界

我们俩和我们的孩子都偏爱那些早期独立阅读者适读的系列图书。这些图书有大量插图，像“坏猫咪系列”“了不起的多莉系列”和安迪·格里菲思的“小屁孩树屋历险记系列”。此时也是一个让他们感受经典系列的好时机，像“A到Z的神秘案件系列”或“百科全书小布朗系列”，最后还有“神探南茜系列”，这将带他们游览旧时的异域风光，看看世界有多少变化或者有多少没变。

系列作品的魅力

在早期章节阅读阶段的某个时期，你的孩子会深深迷恋上一些系列故事。就像婴儿喜欢按部就班的日常生活一样，小孩子渴望读到熟悉的人物，熟悉的故事情节和结局。周遭的世界变化很快，他们能够从这些熟悉的模式中得到安慰。不过，你仍然可以推荐一些不同类型的图书。这阶段他们喜欢神秘的故事，并不意味着他们就不喜爱滑稽的动物故事或者校园故事，这与成年人一样，即便他们最爱的是诗歌，也会去欣赏科幻小说。想一想在你的孩子的教室、喜欢的书店或他哥哥的书架上，有哪些他没有看过的图书，为他敞开那扇文学之窗，让他看到不一样的风景。

坚持阅读图画书

当孩子逐渐长大，与他们一起躲猫猫，推着他们玩耍 …… 那些美好的时光便一去不复返了。但有一件事例外：在阅读方面，一个孩子永远不会因为长大而不再适合读书。图画书也是这样，它不仅仅是一种面向所有人的艺术形式，还是许多人终生百读不厌的珍爱。现在就开始读图画书吧 —— 就在你的孩子刚刚开始独立阅读的时候。但要注意，因为许多图画书都预设父母会朗读给孩子听，对于刚开始独立阅读的孩子来说，书里往往含有一些过于深奥而无法理解的词语；能独立阅读“更高”级别图书的读者，或许自己也看不懂某些图画书。如今，我们还看到越来越多的专门针对小学后期甚至初中读者的图画书，因此要注意，乍一看跟《野兽国》十分相似的一本图画书，实际上可能是为四至八年级学生准备的传记图书。

保持年轻心态

如此说来，如果你的孩子对某些书感兴趣，而你认为这些书对他的年龄来说过于“幼稚”，不要做任何评判或发表意见。或许那本书里某些特别的地方吸引着你的孩子，或许他那时候就想读一些没有挑战性的东西（大人有时候也如此）。许多孩子有自己的“舒适读物”，随着时间流逝他们会反复阅读。即便是对小孩子来说，他们短暂的“阅读生涯”也是一幅宏大的私人画卷。你的孩子已经通过选择图书表明了自己的需求和偏好，这是多么了不起的一件事啊！

另一方面，孩子们喜欢重温他们小时候读过的书。我们两家中，大一点儿的孩子们经常会偷偷溜进来，抓一本他们听到大人给弟弟妹妹们读过的图画书，然后私下里独自欣赏；或者他们会把家里刚到的新图画书暂时据为己有，仅仅是为了“检查”小家伙们看的是什么。所以，当孩子在读章节书的时候，不要把*所有*旧的“低幼的”图书扔掉，把它们保存好且把那些“我会阅读”系列传给更小的孩子或亲戚朋友。不要把儿时美好的图画书统统扔掉，哪怕你的孩子认为它们“幼稚”而坚持要扔掉。几年之后，时过境迁，那个孩子或许会改变主意。

读给大孩子听

幼年时期留给孩子们的记忆不仅有图画书，还有每天有规律的朗读。尽管孩子能够独立阅读是一件令人备感鼓舞的事情，可是孩子（得了吧，大人也一样）仍然喜爱睡前讲故事的时光。这是早期亲子阅读的另一个好处。当他们渐渐长成十一二岁的少年时，随之而来的是新的社交压力、生理变化，还有老师的期冀，这时让父母拥抱一下也成了一件难为情的事，但是此时他们同样需要温暖的肢体接触。孩子小时候跟父母亲密接触的美好时光，比如拉夹克衫拉链、剪指甲，现在也都已成往事。过不了多久，你也会怀念那些曾经的拥抱和依偎，所以及时享受吧。但要注意，在孩子独立阅读时间和亲子共读时间的分配上，要让双方都感到舒适。到8岁为止，维持一半一半的比例是较好的指导方针，当然，这无疑要因人而异，甚至在一年中也要因时而异。

与书中人物产生关联

时刻留意带回家的图书要跟家中的小读者——不仅是读者，还是一个有血有肉的人——密切关联起来。几乎每个重大事件、重要节点、担忧、恐惧、目标和兴趣都有相关的图书。春暖花开时，你可以找有关自然、树木、花园、动物和户外活动的精彩图书；夏日来临时，看看运动类图书、冒险故事或露营故事；返校的时候，你可以推荐《绿山墙的安娜》。当一本书有助于介绍一个主题、阐明一个话题或回答一个刻不容缓的问题时，孩子们就会懂得，求助于图书能够改善和丰富自己的生活。无论对于儿童还是成人，图书都可以为生活中许多困境提供解决方案。很多时候，一本书会成为孩子的自救指南。它们能预知你的担忧，能答疑解惑、排忧解难。当孩子从小就知道书可以为他们提供这么多帮助时，他们永远也不会忘记这一课的。

与经典一起长大

朗读经典长篇小说是向孩子们推介儿童经典名著的有趣方式，也是为孩子信心十足地独立阅读做好的铺垫，否则他们或许不会选择去读那些经典，不会有那么多的收获。帕梅拉的孩子们最喜欢的一些书有“纳尼亚传奇”系列、莫德·哈特·洛夫莱斯的小说“贝茜和塔西系列”、《绿野仙踪》、《爱丽丝梦游仙境》、《霍比特人》、《指环王》、“小木屋系列”和《金银岛》。这些书中偶尔会有深奥的语言、复杂的故事线索，并提到年代久远的一些事情，通常需要父母帮助解释才能搞懂。你们可以趁机讨论一下历史背景、遣词造句和复杂的主题，例如“小木屋系列”中印第安人遭受的不公平待遇以及此后的世事变迁。如果你的孩子和玛丽亚的孩子们一样，不喜欢听某些经典中过时的语言，可以考虑更易于接受的版本。罗伯特·萨布达的《爱丽丝梦游仙境》立体书，亲子共读，其乐无穷；“绿野仙踪系列”的简写本对孩子们来说也是魅力十足。等他们长大后，完全可以自己回头再读这些经典（当然，也会喜欢上与之相关的电影）。

超越故事

还要记住：分享图书并不单单指坐在一起共读一本传统的故事书，浩瀚如海的图书还可以开启几代人的精彩对话，其中某些类别的书尤其适合轻松的亲子娱乐。既然现在孩子们能够阅读了，好好利用吧！他们喜欢分享书中那些稀奇古怪的故事，也喜欢各种怪异但真实的历史事件汇编及漫画书。帕梅拉可能听别人大声朗读《卡尔文与霍布斯》连环画的次数比自己读的还要多。有关诗歌的图书也属于这一类别——适合各个年龄段的听众轻松地大声朗读、

欣赏、分享、记忆。因为许多儿童诗歌以童谣、短歌和歌曲的形式出现，并且常常充满幽默感，因此可以鼓励孩子从小就开始欣赏诗歌。当他们能够独立阅读的时候，诗歌就成了他们日常阅读的一部分。

电子巨兽

如果你已经开始按部就班地阅读这本书，你可能已经注意到——或根本没有注意到——屋子里的一头大象。它不只是一头普普通通的大象，还是一个正慢慢向你靠近的、危险的、悄无声息但又魅惑十足的、最终会彻彻底底将你俘获的庞然大物。这只庞然大物就是生活中的屏幕——智能手机、平板电脑、电视、游戏机和笔记本电脑上不可或缺的组件。尽管你不让孩子接近，但是它们就存在于我们的视线范围之内。该如何不让孩子成为屏幕的奴隶呢？既然他们已经学会了读书，甚至可以独立阅读，那么，当我们不能坐下来安安静静地按传统方式一页页翻阅纸质图书时，怎样才能让孩子成长为终身读者呢？

由书激发的礼物

杰奎琳·肯尼迪独出心裁地为她的孩子凯洛琳和约翰创建了一个小有名气的家庭礼仪：孩子不必为她买礼物，可以用诗歌来代替礼物——不管是他们自己写的诗，还是抄写的诗，或者他们背诵过的诗。对于孩子们来说，这也是送给自己的一个美妙的礼物啊！当你的孩子能够独立阅读（和写作）时，也可以采用这个办法。你可以围绕阅读想出更好的点子，我们也为此提供了一些建议，不妨试试吧！当然，如果你十分幸运地收到了作为礼物的图书，那么保存好它们，几年后再拿出来看时，你的孩子们也会像你一样从中受益。

创意漫画：漫画书很简单，年龄小的孩子们也能自己进行创作；而且有些小孩喜欢有板有眼地设计分格，画对话框和简单的人物，以及编写故事情节。

故事时间的特享券：母亲节时，小学老师时常会让学生们自制带有特享券的小书作为礼物送给妈妈，你的孩子也可以制作这样的读书特享券——晚上由爸爸来朗读故事，或由儿子朗读你挑选的故事。

假期故事：让孩子为家人度假时拍的照片写标题。他可以挑选任意照片放到相册里，也可以自己决定排序，让他自己来拟标题。借助一些照片网站和应用软件，这事做起来就简单了。

妈妈的传记：让你的孩子为你写一个传记，内容就是他看到的一切。他可以就你的童年和你最感兴趣的内容采访你，然后记录下来，作为礼物送给你。形式可以有所变化：让孩子写一下他自己的故事、父母的故事或爷爷的故事。如果他是神话故事迷或传奇故事迷，也可以建议他用那种体裁来写。

从你做起

为人父母，众多责任在肩，以下这一点很容易被忘记，所以我们在此重申：如果想让孩子爱上阅读，你自己首先要喜欢阅读，要让他们知道在众多电子媒介的诱惑下，你还是选择了阅读。你若是在设备上看电子书，别人未必知道你是在看书（但纸质书却一目了然），所以当你在设备上阅读时，不妨大声读几行书里有趣的部分给孩子听，或者告诉他你有一个不懂的地方需要查一查，这样他就不会认为你只是在浏览社交软件。哪怕你更喜欢用平板阅读，也要注意在孩子面前尽可能读纸质的书——这种视觉信息具有持久的效果。

屏幕的故事

最近，许多构思巧妙的图画书将人们对屏幕的依赖、警惕娱乐至上作为创作主题。对一个被屏幕包围并尽力想搞明白在这种情况下该如何阅读纸质书的孩子来说，这些图画书都是绝佳的选择。在马修·科德尔写的《嗨！嗨！》一书中，当小主人公的家人都沉迷于屏幕而根本不注意他的存在时，他开始了户外探险。比阿特丽斯·阿勒马格写的《神奇的不用做事的一天》讲述了一个被“困”在乡村房屋的孩子在没有任何屏幕可看的情况下却享受到了无限快乐的故事，歌颂了探索自然的快乐和拥抱没有屏幕的休闲时光的美好。同样美不胜收的是杰拉尔多·瓦莱里奥著的《蓝骑士》，赞美了在被屏幕吸走灵魂的人群中，纸质书对于一个孩子的持久魅力。我们相信今后还会出现更多这样的书！

小且难缠的屏幕

那些小一些的屏幕是最难缠的，因为它们看上去跟图书很相似，所以也最需要父母来规范。一些电子阅览器甚至是图书传递系统，对许多成年人来说尚且还好，但并不推荐给儿童，因为他们的大脑正在发育，十分脆弱。鉴于你的孩子才刚刚学会独立阅读，你还是要让他读纸质书，一直坚持到青少年时期，到那时他也许会强烈要求读电子书。研究表明，孩子在阅读纸质图书时吸收得更好、故事记得更牢。

卧室拒绝屏幕

众所周知，夜晚看屏幕会干扰褪黑素的循环，使人更难入睡。哪怕只是出于这一个原因，卧室里拒绝屏幕也应成为一条家庭规则，至少在晚餐之后就关闭屏幕。如果孩子不愿意，可以与他们分享这项研究。与此同时，在床上读书是绝佳的睡眠前奏。不管是一起大声朗读，还是你不在身边让孩子独立阅读，或者你们俩在他的房间里坐在一起各读各的书，睡前一个小时左右的读书时间是非常有价值的。

认真、冷静地对待电子设备

如果家里到处都是智能手机、平板和笔记本电脑，它们会掩盖你带回家的优秀图书的魅力；而且，对十几岁以前的孩子来说，这些屏幕不能带来真正的益处，相反，有许多危害。孩子最终会拥有自己的电子设备，但很多专家认为拥有的时间越晚越好。许多父母早已开始控制互联网和社交媒体在孩子生活中的存在。我们深信，对于如何让孩子爱上阅读来说，在家庭和孩子的生活中，网络和屏幕越少越好。

手中有书

大人也要挤出时间来阅读。大人常常将手机当成风暴中轮船上的救生圈，随身携带，片刻不离。他们也更容易沉迷于看了一半的电视节目而冷落床头柜上的小说。不妨把那本小说带到厨房里，做饭的时候趁机看几页，然后扔到沙发上，这样在你看电视前还能提醒你关注一下它。小孩子哪怕在小时候也能嗅出你是否装模作样，所以如果你要求女儿读书，而你的眼睛总盯着平板或者老是放下书瞄一眼你的手机，她会注意到的。换句话说，你自己可以在家里采取措施，一点儿一点儿地清除分散读书注意力的障碍。这样，大家都能受益匪浅。

家庭成员共读

像小孩子们一起玩耍那样，让大孩子们一起阅读。一起但又各自阅读，是一种相互陪伴、共度时光的美妙方式。尽量安排有规律的家庭阅读时间，而不是安排家庭观影或玩电子游戏等时间。随着孩子开始自主选择图书，他们可能不再和你讨论他们在读什么书，但是如果他们就在你旁边阅读，你会看到他们大笑、惊叫或其他一些反应，这会给你们打开交流的窗口。然后你会发现孩子们打开了话匣子，讲述他们刚刚读到的内容以及为什么笑得那么开心。“有什么好笑的内容吗？”是孩子们喜欢回答的问题。

外出时带书

正像孩子们小时候牙牙学语和蹒跚学步时你做的那样，离开家的时候把书放在他们眼前。全家一起旅行时，让孩子把书放到包里。（对于不是很

热衷于阅读的孩子，可以变换一下语气，让他产生兴趣，例如可以说："我打算带着X、Y和Z之类的书来读，你要带哪本呢?"）当你们要去沙滩或浴场，在包里装上你和孩子要阅读的书。在旅途中、在某个慵懒的夏日或在市区游泳池旁读的故事，将会成为他们珍贵记忆中的一部分。他们会把某本书与某个地点联系在一起。不妨考虑一下，你的假期甚或周末旅游也可以很容易地变成没有屏幕的时刻。租一个没有电视的地方，或者你们订的旅馆房间碰巧没有电视，也无法连接网络，这不算糟糕，你们有足够多的书可看。

让阅读成为日常

孩子到了青少年时期，电子游戏、社交媒体，还有互联网聊天会从各个角落蜂拥而至。防御办法之一就是与图书——那些能够迷住孩子的图书——保持同步，而且最好是系列故事书。时刻关注儿童畅销书榜单，榜单中必然会包含孩子的同龄人喜欢的系列图书。当某个系列中的新书一出，就为孩子买一本，而且表达一下“这本书终于出来了，真是太棒了”之类的感慨。这能提醒孩子：书中自有力量，自有情感，它是维系朋友感情的纽带。书可以让你大笑、让你痴迷、让你激动，还可以帮你了解自己，将你和他人连接在一起；而且，你能带着它们到任何地方，还不需要充电。

寻找什么样的独立阅读图书

章节书

入门级的章节图书大多按系列出版，怎样才能从中挑选出最好的或最适合孩子的几本呢？其实，有些系列图书需要按顺序阅读，而有的系列则可以跳跃着读其中任意一本。如果孩子碰巧看到“老鼠记者系列”中的某一本，故事已经向前推进了很多，但孩子读起来却饶有兴趣，那就只管带回家吧。这些书的作者懂得如何让每本书都适合新读者和老书迷。这些系列图书创作时，就考虑到了任何一本都可以成为孩子阅读的切入点，还会简要总结关键人物、事件、时间及地点等信息。

大受欢迎的图像小说

以小学阶段独立阅读的孩子为受众的图像小说和非虚构作品日渐增多，成为近年来儿童读物发展最重要的趋势之一。这些作品常常是专为刚刚学会独立阅读的孩子们准备的，如切丽丝·美利克·哈珀创作的“手工猫”系列，探讨了孩子入学时的紧张情绪；本·克兰顿创作的“独角鲸和水母系列”，探讨了友谊主题；阿什莉·斯拜尔的“太空猫宾奇历险记系列”，创建了童话幻想世界。近一个世纪前，法国已经开始将漫画和图像小说运用到课堂教学中，而美国的学校在数十年后才清楚地认识到这种做法的优势。老师和图书管理员近来发现学生们总是询问这类图书，而且还反复借阅更多类似的书。这有什么不好呢？图像小说和非虚构读物既能有效地传递信息，又能使那些视觉阅读能力较强的孩子保持高涨的阅读热情。对于不想阅读大段文字的孩子来说，漫画和图像小说是养成并保持阅读习惯的一种很好的方式。

桥梁书①

除此之外，还有很多非常适合初出茅庐的小读者的书，这些书不完全是图像小说，但是每页至少有一幅插图，类似学乐出版社为刚开始独立阅读的小读者推出的大树系列（*Scholastic's Branches*）中的章节书，其中包括一些颇受欢迎的系列故事，如有趣且刺激的“毁灭笔记系列”以及“小记者希尔德系列”。“小记者希尔德系列”基于真人真事改编，讲述了一个女孩希尔德作为小记者追踪案件的故事：她在老家宾夕法尼亚州创办了一家报纸，并揭露了一

① 指的是介于图画书和章节书之间的一种图书类型。相比于图画书，桥梁书中的图画相对减少，文字变得更多，但还不像章节书那样多。

起谋杀案。这些书可能看起来有些幼稚，里面的插图也不够丰富，但是不要小看它们。有大量文字的书会让一些孩子望而却步，而这些章节书不仅能够吸引孩子的注意力，而且故事情感丰富，充满幽默和悬念，会让孩子兴奋不已并激励他们继续阅读。

你需要注意的事情

刻板的人物

为孩子选择图书时，要避免乏味的角色，不过要当心，别过多掺杂你的个人判断——毕竟，有些小孩喜欢像小屁孩或内裤超人这样的非英雄主角；还有，你认为很蹩脚的，他们可能会觉得很搞笑。不过，其中有些人物形象还是平平无奇的。你的孩子若不喜欢有着刻板的性别特征的人物，那他可能也不喜欢那些有着这类人物形象的故事。你可以留意一些不落俗套的人物形象，他们往往有着鲜明的个性，而且被刻画得细致入微。

游戏公司授权的图书

《我的世界》游戏、《宠物小精灵》游戏、乐高……当你听到这些玩具和娱乐巨头的名字时，首先跃入脑海的可能无关阅读，但是，它们却都出版过相关的系列章节书。或许它们在小读者的阅读历程中占有一席之地——让一个抵触读书的孩子关注阅读，让一个不再喜欢读书的孩子继续保持阅读习惯并不断增加阅读乐趣——但是，它们不会扩大孩子的知识面，也不太可能让孩子接触到丰富的语言或者富有创意的故事。要确保孩子有更高水准的图书可选。

我们挑选的章节系列书

艾薇和豆豆系列 | 安妮 · 拜罗斯

***Ivy + Bean*, Annie Barrows**

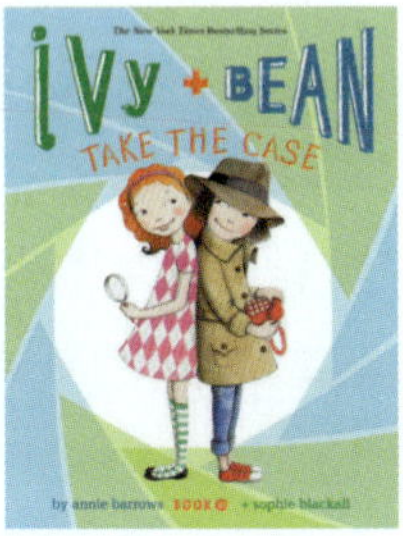

从没打算成为好朋友的两个小女孩竟然分享起各自的冒险经历。这些故事对孩子来说，安全无虞又魅力十足，凯迪克奖得主索菲 · 布莱克尔为其创作的插图尤为精彩。

了不起的多莉系列 | 艾比 · 汉隆

***Dory Fantasmagory*, Abby Hanlon**

每页都有插图，还有一位可爱的女孩，她天马行空的想象将现实生活和幻想世界融为了一体。这是玛丽亚最喜欢的章节系列书。

小坏猫系列 | 尼克 · 布鲁尔

***Bad Kitty*, Nick Bruel**

这个故事起源于一本同名图画书，书中一只猫发疯了，之后便有了这套滑稽搞笑、令人捧腹、具有图像小说元素的章节系列书。对于那些爱上图画书且还想看更多类似图书的孩子来说，这个系列的图书堪称完美。

安娜 · 希比斯克系列 | 阿蒂努克著，劳伦 · 托比亚绘

***Anna Hibiscus*, Atinuke, illustrated by Lauren Tobia**

这套关于一个非洲女孩的系列故事会带给你快乐的阅读体验，并在不知不觉间打动你的心。生于尼日利亚的阿蒂努克讲述了一个家庭的故事，这个家庭有一个来自加拿大的母亲和一个来自非洲的父亲。托比亚创作的每一幅温馨的插图都将故事栩栩如生地展现了出来。

永远的雷梦拉系列 | 贝芙莉 · 克莱瑞

***The Ramona Books*, Beverly Cleary**

这个系列的图书堪称一个典范。一个调皮任性的小女孩总是麻烦不断，她有一

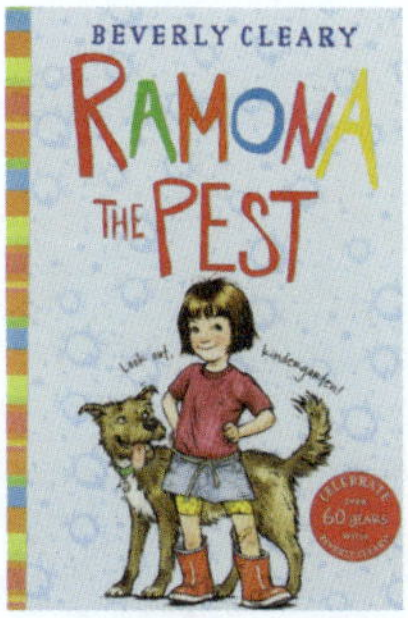

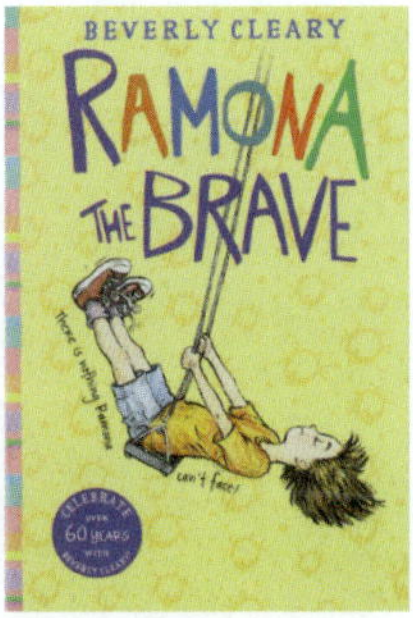

个姐姐和克里基特街上一帮可爱的朋友。许多关于女孩的当代系列故事都试图捕捉雷梦拉的顽皮而摒弃其放肆的性格，可是都未成功——当代男孩系列故事也极少能成功捕捉到克里基特街那帮朋友的魔力。雷梦拉和她的朋友们真正吸引小读者的是孩子们放学后在外面跑来跑去的世界——自由，独立，远比成年人意识到的更成熟。

灾难求生系列 | 劳伦·塔西斯

***I Survived*, Lauren Tarshis**

这部以第一人称叙述的系列小说惊心动魄，充满了各种冒险，主题非常适合喜爱纪实类作品的孩子们，其中包括海啸、地震、战争、轮船失事以及其他一些推动故事情节的灾难。

《提姆和勇敢的船长》 | 爱德华·阿迪宗

***Little Tim and the Brave Sea Captain*, Edward Ardizzone**

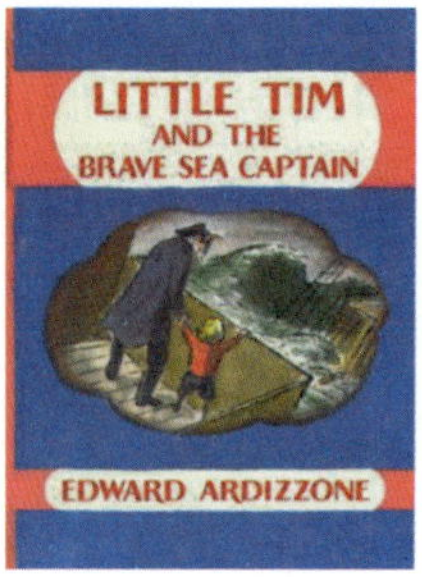

“小水手提姆系列”于20世纪30年代首次出版，凭借着其经典的钢笔线条和水彩艺术，以及小提姆的精彩故事，多年来一直畅销不衰。小提姆登上轮船后便开始了海上生活，偶尔回来看看善解人意的父母。

《黑猫珍妮·流浪猫和猫咪俱乐部》 | 埃丝特·埃弗里尔

***Jenny and the Cat Club*, Esther Averill**

“黑猫珍妮系列”包括适合小读者阅读的早期读物（《消防猫皮克斯》）、早期章节书（《珍妮的生日书》）以及更大年龄孩子看的书（《流浪猫和猫咪俱乐部》）。它们讲述了一只名叫珍妮·林斯基的黑猫和一帮纽约市的猫走出公寓，进入更广阔天地时的一系列冒险故事，其中包括在中央公园小伙伴们跳起“水手的角笛”舞的神奇时刻。

日常小魔法系列 | 露丝·楚

***A Matter-of-Fact Magic series*, Ruth Chew**

以《周三女巫》开始的一系列故事，讲述了一对姐弟在现实生活中碰见的魔法。故事读来令人心情愉悦，完全没有无聊感。

淘气的阿柑系列 | 莎拉·潘尼培克著，马拉·弗雷齐绘

***Clementine*, Sara Pennypacker, illustrated by Marla Frazee**

阿柑很有主见，不喜欢别人对她颐指气

使，所以她知道自己在家里是个“麻烦的人”。然而，在这部诙谐、充满了社交意识，同时又出乎意料地感人的故事中，我们追随着她从学前班到四年级一路走下来，竟然感到无比地轻松愉快。

我们挑选的诗歌作品

《我只是不擅长押韵》| 克里斯·哈里斯著，莱恩·史密斯绘

***I'm Just No Good at Rhyming*, Chris Harris, illustrated by Lane Smith**

这些短小精悍、活泼生动、妙趣横生的诗句，配以史密斯脑洞大开的插图，甚至让拒绝诗歌的孩子也在不知不觉中读起来。

《你读给我，我就读给你》| 约翰·齐亚迪著，爱德华·高里绘

***You Read to Me, I'll Read to You*, John Ciardi, illustrated by Edward Gorey**

这首20世纪60年代脍炙人口的经典诗歌始于一个指令——父母和孩子，谁来为对方读这首诗，成为刚学会独立阅读的孩子们的完美选择。其中包括诸如鲨鱼、早餐、炎热的日子、伤心的日子等不同题材的诗歌，配以高里著名的深色、怪诞的线条图画，简洁、有趣且令人难忘。

《街道上新来的孩子》| 杰克·普瑞鲁斯基

***The New Kid on the Block*, Jack Prelutsky**

这个以小学生为目标群体的聪明、搞笑系列，内容近乎包罗万象。在杰克·普瑞鲁斯基的多主题系列故事中，他非常善于描述愚蠢与聪明的人之间的滑稽反差，每个系列都由不同的插画家为其配图。

《一个孩子的诗园》| 罗伯特·路易斯·史蒂文森

***A Child's Garden of Verses*, Robert Louis Stevenson**

这部1885年的经典作品有许多版本，选一个你和孩子最喜欢的插图版本即可。我们喜欢当代插画家芭芭拉·麦克林托克创作的细节精致、复古感十足的版本。

《反叛的童谣》 | 罗尔德·达尔

Revolting Rhymes, Roald Dahl

书名揭示了一切。如果你的家中有达尔粉丝，请不要忘记这本描写卑劣行为的有趣而荒谬的小诗集。

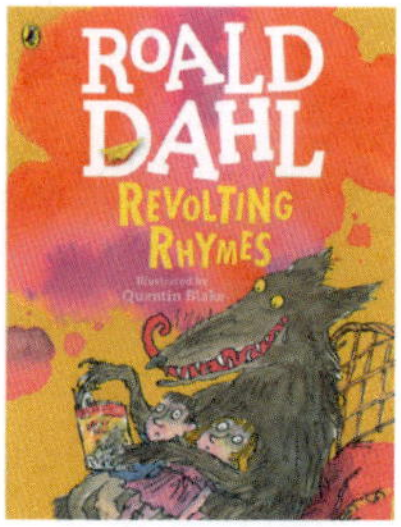

《年轻人的诗歌：兰斯顿·休斯》 | 大卫·罗塞尔和阿诺德·兰佩萨德编

***Poetry for Young People:Langston Hughes*, edited by David Roessel and Arnold Rampersad**

这套精彩的系列作品包含不同的单卷本，每本收录一位大师的作品，从艾米莉·狄金森到玛雅·安吉洛，但我们特别喜欢由著名画家本尼·安德鲁斯插图、介绍哈莱姆文艺复兴传奇人物休斯的那本。跟其他单卷本一样，这本也包括了诗人的生平和作品介绍（该部分适合小学高年级学生阅读）以及一些休斯最令人难忘的有象征意义的诗歌，如《推迟的梦想》。

《镜子，镜子：一本镜像诗集》 | 玛丽莲·辛格

***Mirror, Mirror: A Book of Reverso Poems*, Marilyn Singer**

辛格为诗歌创造了一个词 —— 镜像诗，指的是同一首诗无论是从上往下还是从下往上，读起来都是一样的，即第一行和最后一行相同，第二行和倒数第二行相同，依此类推。哪怕是对诗歌持怀疑态度的人，读起来也会觉得其乐无穷。

《适合背诵的诗集》 | 卡罗琳·肯尼迪编

***Poems to Learn by Heart*, edited by Caroline Kennedy**

这本书的构思和制作都十分出色。背诗是孩子欣赏诗歌的最佳方式之一。这部诗集囊括了从最简单到最具挑战性的诗歌，适合所有年龄段的孩子们阅读。

《勿忘我：背诵诗集》| 玛丽·安·霍伯曼

Forget-Me-Nots: Poems to Learn by Heart, Mary Ann Hoberman

霍伯曼是美国儿童桂冠诗人，这本选集的诗歌风格各异、选材得当，包括各种人物的各色诗歌——从罗伯特·弗罗斯特到当代的尼基·格里姆斯和娜奥米·施哈布·奈——都易于背诵。

《人行道的尽头》和《阁楼上的光》| 谢尔·希尔弗斯坦

Where the Sidewalk Ends and _A Light in the Attic_, Shel Silverstein

希尔弗斯坦简直就是荒诞大师，正如许多父母所证实的，这些诗歌能伴随孩子一生。

SOME
BOOK

第三部分

中级读者

跳跃至中级

到了8岁，大部分孩子能够自己流畅地阅读。这时，一个有趣的阶段便开始了：他们正式成为“中级读物”的读者。然而*中级*这个标签听起来一点儿也不有趣。这个词是为出版业和教育界创造的，为的是把这个年龄段的书与更简单的图画书及更生动有趣的青少年小说区分开来，由此有了这种死板严苛的划分。但是“中级”和中学不是一个概念（谢天谢地），更不是指年级或者年龄。中级小说是*儿童文学*——广义上说，是那些我们看作“儿童小说”的图书，那些人人喜爱的新老经典，还有那些从童年一直陪伴我们进入成年的读物，比如《夏洛的网》《神奇的收费亭》《时间的皱纹》……这些都是中级读物。

正是从这时起，孩子们正式开启了快乐阅读之旅。他们现在能够沉浸在故事中连续阅读几个小时，去探索新的世界，去结交有吸引力的人物及与自己的

生活迥异的角色。通过阅读这些书，孩子们可以认识自己，能够在感兴趣的领域里有更多发现。他们阅读的目的正如我们所有人阅读的目的：逃避、发现、挑战自我、感受震撼人心的话语、寻求与我们有关联的角色的陪伴、在家里的扶手椅上安全地周游世界。

孩子的中级阅读时期，或许也会成为你的美好时光。你不仅能心满意足地看着自己的孩子独立阅读，完全沉浸在优秀读物的魅力之中，而且可以趁机重温你喜爱的儿童小说 —— 甚至还会爱上一些新小说。

除了伴你长大的儿童小说，现在又增添了许多新书，它们鼓舞了一大批新一代的忠实读者。其中不乏佳作 —— 文笔清新、激动人心、动人心弦 —— 以致一些父母也会常常一本又一本地阅读。我们时常谈论的小说有R.J.帕拉西奥的《奇迹男孩》、彼得 · 布朗的《荒岛机器人》、林珮思的《月夜仙踪》和杰森 · 雷诺兹的"田径系列"。甚至还有更多的好作品 —— 一批有见地的新兴作家重新定义了写给儿童的历史或传记图书。纪实类作品对于孩子们来说变得和小说一样引人入胜。

一些叙述历史的书籍，将孩子们过去只在枯燥的课本上遇到的内容，变成了令人兴奋的叙述性纪实文学。它们的语言清晰易懂，具有生动的故事情节和戏剧性的结构。有些书里有大量摄影图片和其他视觉艺术，甚至每一两页就有一幅图。大人们也很可能会被这种图书吸引，而且在花时间阅读了一本书后会对某个主题有新的见解，例如罗素 · 弗里德曼的《越南：战争史》中的越南战争。

我们也很高兴地注意到畅销书或屡屡获奖的成人纪实类作品"青少版"的出现，像汤姆 · 里纳尔迪的《红头巾》—— 一个关于"9 · 11"的故事、芭蕾舞女演员米斯蒂·科普兰的自传《告白芭蕾》、迈克尔·波伦的反加工食品和反企业化农业的宣言《杂食者的两难：食物的自然史》。好奇的孩子们会喜欢上这些超棒的非虚构作品，而且它们有时超越了原始版本：不仅进行了缩编，而且脉络更加清晰，多余的文字和无关紧要的说明部分都被删减掉了。

另一类可供孩子们选择的中级读物是图像小说，现在市面上有许多专为儿童创作的图像小说。即便许多孩子阅读文字已经相当流畅了，但仍然偏爱视觉化的阅读——书中的图画不仅与文字相得益彰，而且能够推动故事发展。图像小说和图像纪实类作品是让这类孩子迷上阅读的绝佳方法。出版商意识到了这一点，出版了许多面向中级读者的图像小说，其中包括现实主义的小说、幻想小说、纪实类作品等。小学高年级的学生和十几岁的孩子为这些充满智慧、吸引眼球的图书而疯狂。不得不提的作品有菲利帕·皮尔斯的经典幻想小说《汤姆的午夜花园》、洛伊丝·劳里的《记忆传授人》和黛博拉·艾里斯的《养家之人》。

你需要了解的事情

让孩子自由探索

是时候让孩子自己做主选择图书了。既然他们知道如何阅读，那就让他们试着阅读自己*喜欢*的图书，让他们去了解自己到底喜欢哪种类型的故事。这个过程最好留给他们自己去探索，他们会做出明智的判断。他们或许会把你觉得他们会喜欢的故事丢到一边，原因很简单——可能仅仅因为他们不喜欢那个封面，或书名听起来不那么有趣，或者只是淡淡的一句“我不想读”。

一年以后，他们可能会重新拿起那本被抛弃的书，特别是在你没有强烈要求他们去读的情况下。

因势利导，不过度干涉

尽管你不想做一个固执己见的家长，但你毕竟还是孩子的引导者，孩子生活中图书的主要提供者。你是那个把孩子带到图书馆或从图书馆带书回家给他看的人，你为孩子购买、借阅图书。然而做这一切时你要注意，一方面要保持热情，另一方面又要显得毫不在意。把你为他搜集的书还有那些你小时候喜欢的书放在家的各处，然后躲到一边静观其变。这个计划的目的是让孩子在适当的时候自己发现它们。它们早晚会被发现，那时是由你的孩子而不是你来翻开它们。对许多孩子来说，这个区别很重要。

在任何可能的地方播下种子

如果你的孩子乐于接受建议，那么你对孩子阅读的影响将会是巨大的，而且是微妙的：你不仅可以推荐你最爱的或你认为孩子一定会喜欢的书，而且还可以推荐那些你不确定他会不会喜欢的书。孩子的选择真的会令你吃惊。所以，只要随口告诉他们有什么书即可。一个喜欢《星球大战》的孩子，可能喜欢阅读同他个性相仿的主角的现实校园故事，或者沉迷于阅读与他性格迥异的主角的故事。他也可能喜欢读运动题材的故事或感人的动物故事，如

《红色羊齿草的故乡》。当你给他建议时，要跳出他之前阅读的选择范围，并把他作为一个完整的人从总体上来考量。有些孩子被选择所困扰，他们会很乐意接受大人的建议。

允许纯粹的娱乐

不要总是向孩子推荐文学名著，还口口声声说是为他好。许多孩子喜欢搞笑的书，特别是身边有个随时准备听他分享的热情听众时。给他们机会去读读这种书吧，比如在你做饭时，可以建议孩子拿他最爱的笑话书来与你共乐。

在书本外阅读

要记住，阅读的形式多种多样。如果你的孩子现在不想看书或这段时间有点拖拖拉拉的不在状态，那就不要读了，可以用桌面游戏来代替。很多游戏都包含大量阅读，一些卡牌游戏也有很多文字，棒球卡片也一样,《大富翁》游戏也有许多文字。所有这些都是阅读。

不要批评孩子的选择

不要否定你的孩子看的书，哪怕你认为那些书写得很糟糕或低于他的阅读水平。如果你发现他最近读过的五本书都是相同类型的，不必过问。孩子们需要自己决定什么书好什么书不好，而且有时候，正如大人一样，孩子只是想放松一下。但是，如果你的孩子被某个主题（例如明星）所吸引而引起你的担心，可以问问他为什么觉得那些书有趣。当谈及他喜欢的某类书或对某类书感兴趣时，孩子可能会给出他的理由。对于十来岁孩子的父母来说，这是很有价值的信息。如果时机成熟，试着表达你的观点，解释为什么某些主题是肤浅或愚蠢的。但是，首要的是让孩子开口。

保持朗读习惯

诚然，青少年时期转眼就来临了，但不要放弃阅读。共同分享一个令人激动的、有趣的或感人的故事，不仅带给你们彼此快乐的时光，更有助于你把更有挑战性或情感更复杂的图书带进正在快速长大的孩子的世界。例如，如果你四年级的女儿在学校遭遇了交友上的问题，而且感到被人孤立，你可以给她读埃莉诺·埃斯特斯的《一百条裙子》——一本获得1945年纽伯瑞荣誉奖的经典图书，讲述了一个波兰女孩的故事，她每天都穿同一条裙子上学，却撒谎说家里有一百条漂亮的裙子，以此来掩饰自己的贫穷。你的孩子或许也会在香农·黑尔的图像小说《真正的朋友》中获得无限安慰，可以考虑在某个傍晚和孩子一起一页页地阅读，大声朗读对话部分并讨论香农的尴尬处境。

粉丝群体

当代儿童文学的伟大之处，其中一点就在于它的大众化和普及化。20世纪90年代以前，阅读更多的是个人的体验，之后它的普及很大程度上归功于J.K.罗琳。“哈利 · 波特”系列小说开启了一个新时代，孩子们能参与许多与图书相关的令人兴奋的活动，从午夜在书店里排队等候刚刚上架的新书，到参观展现书中奇幻场景的主题公园。如今这样的活动不仅限于“哈利 · 波特”了。现在孩子们的阅读量很大，他们觉得加入自己喜爱作品的粉丝圈子是一件很酷的事。不管是“护身符系列”，还是“分歧者系列”“波西 · 杰克逊系列”或“田径系列”，都有自己的粉丝群体。

同伴的力量

与其他读者交流，能够激励对自己的阅读能力没有把握的孩子，让他们获得信心。既然不是在课堂上阅读，你读得多快并不重要，大家不会问“你读到了哪页”，而是问“你是什么龙”（见“火翼飞龙”系列）。与同伴交流观点、讨论热衷的话题能激励那些不愿意读书或容易受挫的读者继续读下去。

接受不同的群体

读者群体的规模和形式多种多样。比如，如果你家里碰巧有一个《我的世界》发烧友，你可以尽可能多地去了解《我的世界》的相关内容，比如互动游戏书、攻略、小说和同人作品。这些都为《我的世界》的粉丝提供了相互交流的新方式，他们撰写并分享自己的故事，然后相互点赞、发表评论。其他游戏，例如《龙与地下城》以及《堡垒之夜》的粉丝也是如此。

作者能帮忙

互联网使得孩子们能够更便捷地直接联系作者。这是过去那些给出版商写信，却从来没有得到过回复的孩子们难以想象的。现在许多受欢迎的作家都有社交媒体账号或自己的个人网站，如果你的孩子也使用社交媒体或浏览这些网站，确实有机会联系上他们喜爱的作家，甚至得到直接回复。例如，R.J.帕拉西奥曾创建过一个关于《奇迹男孩》作品主旨的话题标签“choosekind”（选择善良），而雷克·莱尔顿的社交账号是 @camphalfblood（混血营）（相信我们，这对于“波西·杰克逊”的粉丝们很重要）。

粉丝伙伴也能帮忙

如果你的孩子对于自己的阅读水平不太自信，他的同龄朋友或同学或许可以帮助他。读者群体是很广泛的，如果去浏览喜欢同一本书的孩子们的论坛留言板，他会发现大家对彼此的阅读水平都不了解，而且，他也许能洞察故事的来龙去脉或角色的内在特质，但其他孩子却不能。这时他就能意识到阅读不仅仅关乎过程，而且也关乎内容、观点和讨论。像这样的合法聊天室在出版商和作者的官方网站都可以找到。

热情可传染

在网络上结交书友有助于促使对书没兴趣的孩子爱上阅读。你的孩子也许把读书看作不得不去做的任务，但他可能因为其他孩子为他们喜欢的书制作视频而对图书燃起兴趣；他可能会在网络上发现一个根据图书制作的游戏非常有趣，以至于让他立刻放下平板，真的抱起书来；或者你可以把一些与图书相关的网站作为对他阅读的奖励："等你读完了这本书，让我们一起上网浏览那个网站。"

是的，网络能鼓励阅读

大多数儿童读物出版商都有专门的网站或在官网上设有专栏，介绍受欢迎的作家和系列丛书。孩子们在网站上能了解更多关于这些书的信息，下载番外故事和彩蛋，偶尔可以玩玩基于图书内容的游戏或测试，而且还可以和其他读者互动。

开辟网上世界

现在的孩子们可以自己创作关于图书的线上内容，比如在网站上上传自己朗读图画书的视频（可以与其他网友或家庭成员分享），自己写书评、建立粉丝群。那些"读书博主"目前有成千上万的粉丝关注他们录制的书评视频。如果你的孩子在网上非常积极而且乐此不疲，不妨把网络生活和文学生活结合起来，还有比这更好的方式吗?

超越“读书笔记”心态

读书笔记，真烦人！真讨厌！而且，真是一个让孩子学着闪烁其词地向你撒谎的好手段（“我读了二十三分钟了，我发誓！”）。也许还会更糟糕——读书笔记也是一个把愉快和自由的阅读体验变成大人考核孩子表现的方式。必须完成阅读任务而且还要在规定的小框格里写下烦人的读书笔记，这真的会毁了读书的乐趣。一个公认的心理学事实是，当活动与“外部控制”（例如奖励、惩罚和需求等）相关联时，其“内在动机”，即独立做事情的欲望（例如读书）会受到损害。但是如果读书笔记是不得不做的家庭作业，那么看看是否能让任务变得不那么枯燥。你可以和孩子一起阅读，这也能让这个看起来无可救药的作业有所改善:“嗨，不管怎么说，这也是我们家每晚半小时的读书时间啊!”你可以这样宽慰孩子。

考虑改为阅读日记

读书笔记的坏处之一就是需要上交，交给老师或者上传到班级网站上，和其他作业没什么两样，它们是属于老师而不是孩子的。如果孩子能用一个特殊的笔记本来记录自己读过的书，让它成为一种私人记录，那么孩子的热情就会随之高涨。可以随意在里面画插图或用贴纸装饰，它是真正属于孩子自己的。孩子能够看到自己读过的书不断增多，留意到自己的阅读轨迹和经历过的挑战，当他长得更大一些的时候还可以重温、回顾，就像看日记一样。在更大的意义上，阅读日记变成了他个人的珍藏，而不是一个枯燥的日常作业。你甚至可以征询一下老师的意见，可否允许你的孩子以这种方式做阅读作业。或许这会激发一种变革，使班里所有的孩子都受益。

勿把阅读当家务活

一些父母急于让他们的孩子阅读，或至少让孩子从网络上离开几分钟，于是他们提出激励措施来引诱孩子读书。不要引诱！记住，要寻求“内在动机”。比起对他说“如果你读三十分钟的书，我就让你玩电脑、吃冰激凌或奖励你一块钱”，不如把阅读描述为一种快乐或特别的恩赐。你可以说“让我们点起炉火坐在一起读书吧”“让我们挑一本书周末带去奶奶家吧”或者“我上周发现了一个很棒的书店，我们一起去吧，我允许你选两本新书”。把阅读本身当作一种奖励。

引导孩子选择

如果你的孩子对阅读还没开窍，总是选择同类型的书来读，而且他看起来很愿意听取别人的建议，那么试试以下“五选一”的选书法：选两本稍稍不同的书（如果他一直阅读希腊神话，那就选本埃及的；如果他一直反复阅读《饥饿游戏》，可以选同样是苏珊·柯林斯创作的《地下城》），再加两本其他有趣主题的书，如野营或棒球，最后再选一本你不确定他会不会喜欢的书。让他从五本当中选一本最感兴趣的并说说自己的想法。但是，也不要过分担心，书是常读常新的，孩子们总能从阅读中受益。反复阅读也是一种乐趣，只要他读得高兴，就顺其自然吧。

分享你童年的最爱

让孩子了解你在他那么大的时候都喜欢读什么——你是怎么得到那些书的，你多久读一次，最喜欢哪本，印象最深刻的是什么，等等。（如果你仍然保存着几本童年时的书，给他看看！）然后你们可以重温那些尘封已久的书。

培养图书评论家

让孩子写一篇“书评”。他可以用五颗星的评价系统，或用点赞、差评的方式，或用1到10的打分方式。你给他的选项越多，他就会感觉自己越有把握。让他自由选择要评价的书和评价模式，不要逼迫他去写他不想写的内容！不妨给你正在读的书写个书评，然后你们相互分享。他也可以在图书网站上写书评，这些网站非常欢迎孩子们发表评论与大家分享。

寻找什么样的中级读物

考虑年龄范围

中级读物通常并不标注适读年龄，但这些信息可以从出版商的网站或有名的书评里找到。一般来说，中级读物面向8—12岁的孩子，但这个适读年龄的范围比较宽泛，而且不是每位作者的作品都适合此年龄段的所有孩子阅读。许多中级读物面向这个年龄段里较小或较大的孩子。如果你的孩子是8—10岁，记住，他可能已经（也可能尚未）准备好阅读那些适合大孩子的读物。如果你的孩子把一本你反对他读的书带回家，你要明确自己的立场。记住一点，书和电影及电视节目一样，孩子们在阅读或观看时会逃避或跳过那些他们感情上不能接受的内容。

在这个疯狂的大宇宙中，我的位置何在？

这个年龄段的孩子对自己的身份定位和对大千世界中各种问题的探索都感兴趣。一本好的中级读物蕴含的哲理也许会令你吃惊，它们会探讨公平、公正、自由和同情等概念。一些最佳历史小说的背景都设置在多灾多难的时代，它们常常以一种小读者能够接受的方式，巧妙地探讨孩子所面对的现实世界中的问题。不管你的孩子面临着什么样的个人挑战（欺凌、友谊破裂、社交恐惧、搬家到外地或家庭成员过世等），总有一本中级小说或纪实类作品能够帮他渡过难关。当你想要一本关于某个特殊问题或事件的书时，图书管理员和有经验的图书经销商都是很好的求助对象——毕竟，他们的工作就是把图书介绍给适合的读者。你可以去咨询，也可以鼓励孩子去跟某位友好的专家咨询。

小孩子与世界

在众多出色的中级读物中，主人公都是孩子：他们敢于解决问题，敢于冒那些大人不敢冒的险，他们常常是故事中的闪耀明星。这就是孤儿在经

典儿童文学中普遍存在的原因。甚至在属于中级读物的当代小说里，也有父母好像都去世了，或即便没有去世也由于某种原因不能照顾孩子的情节，这就逼迫年幼的主人公勇敢面对各种挑战。纪实类作品也是如此。不管故事发生在何时，主人公都是在历史上某个时刻做出了英雄事迹的孩子。还有一些书向孩子们介绍了世界上其他地区颇具影响力的孩子，比如马拉拉·优素福·扎伊，她勇敢地捍卫了女孩的受教育权，成为巴基斯坦年轻的活动家和诺贝尔奖获得者。

成年人也很重要

即便如此，一本伟大的中级读物中，至少也有一位令人敬仰的成人角色，有时还有好几位。这个年龄段的儿童意识到成人也可能会犯错，但是他们仍需要模范人物来帮助和引导自己。一本情节复杂的儿童小说也可以描述成年人的不良行为或犯下的错误，并安排在一个与其年龄相适应的背景之下。

系列作品仍然重要

正如章节书的读者一样，中级读物的读者也喜欢在系列故事中与自己喜爱的人物相守在一起。所以可以时刻关注当前流行的中级读物系列作品，如洛伊丝·劳里的《记忆传授人》这样的经典作品系列，以及像索曼·切纳尼的《善恶学校》这样的新书。

幻想世界里的规则

许多最佳中级读物都是幻想故事，而很多幻想小说，从《时间的皱纹》到某个寄宿学校的巫师，最初也都是为中级读者创作的。中级读者常常喜欢通过阅读来寻找一个逃避现实的世界，幻想小说便满足了这个要求，它是作家经过深思熟虑建构的、有着自己规则的世界，但同时它又与现实世界有足够多的相似点可供小读者反思。也就是说，幻想小说是让那些愿意接受各种挑战的孩子徜徉其中的理想之地，同时它又是一个让孩子获得慰藉的有秩序有意义的世界。

把金奖作品带回家

在许多方面，纽伯瑞金奖可以说是美国图书馆协会每年颁发的最负盛名的奖项，该奖项评委的任务就是找出当年“美国最杰出的儿童读物”。往往每年拔得头筹的几乎都是中级读物。每年通常有两到五部获奖作品，获奖名单中很难发现有名不副实的作品。因此，如果你正打算买一本中级读物且不想花太多功夫去筛选，那些标有纽伯瑞奖的书就是你的首选，不会出错的。

你需要注意的事情

随时按下红色警报

有些书可能获得了纽伯瑞荣誉奖，而且也十分经典，确实是很棒的书，但是，它们或许对孩子们来说完全不适合。一些孩子就是不喜欢过时的书，或者他们无法想象书中描述的那个情景，或者因为有悲剧结尾、有人物死亡，或者 …… 不一而足。

年龄和成熟度相吻合

“10岁及以上”的标签通常表示一本典型的中级读物的故事内容更加复杂或者其情节对年龄稍大一点儿的孩子更具吸引力。一个8岁的孩子和一个处于青春期的12岁的孩子，他们之间是有很大区别的，一些中级文学读物正好分别落在这个年龄段的两端。想想看，一个10岁或11岁的孩子沉溺于《饥饿游戏》是一回事，但一个9岁的孩子翻阅《无比美妙的痛苦》就完全是另一回事了。这些书都很棒，很吸引眼球，但在孩子还没准备好时，不应该让他们去读。你可以通过搜索图书信息和图书评论，参照孩子的年龄和成熟程度来判断某些图书是否适合你的孩子。

我们挑选的中级小说读物

《当你到达我》｜丽贝卡·斯戴德

***When You Reach Me*, Rebecca Stead**

在这本令人神经紧绷的小说中，一个小女孩收到了一个来自能够预知未来的人的纸条。书中的每个字、每句话都耐人寻味，意义深远。

《沃森一家去伯明翰——1963》｜克里斯托弗·保罗·柯蒂斯

***The Watsons Go to Birmingham—1963*, Christopher Paul Curtis**

一个性格内向的非洲裔美国男孩，在他9岁时跟自己和睦的大家庭一起从密歇根的弗利特城出发，去亚拉巴马拜访他的奶奶。柯蒂斯懂得如何在保持喜剧感又深深打动人的基础上将故事一步步向前推进。

《独一无二的伊凡》｜凯瑟琳·阿普盖特

***The One and Only Ivan*, Katherine Applegate**

几乎所有的孩子都喜欢精彩的动物故事，这就是一本基于真实故事改编的动物小说，其主角是一只被驯养的名叫伊凡的大猩猩，故事是以伊凡的视角讲述的。

《玛蒂尔达》和《世界冠军丹尼》
| 罗尔德·达尔

***Matilda* and *Danny the Champion of the World*, Roald Dahl**

达尔的这两部经典都不容错过，他的小说能带给小读者很多东西，值得一看。

《黑人女孩的梦想》 | 杰奎琳·伍德森

***Brown Girl Dreaming*, Jacqueline Woodson**

这部诗体回忆录非常适合10岁及以上的读者。故事讲述了一个女孩成长、变化的经历，歌颂了家庭和族裔之间血浓于水的纽带，将个人生活与非裔美国人的历史糅合在了一起。它受到评论家、教师和读者的一致好评，获得国家图书奖、纽伯瑞荣誉奖，2014年出版时还获得巴拉克·奥巴马和奥普拉·温弗瑞的由衷赞赏。

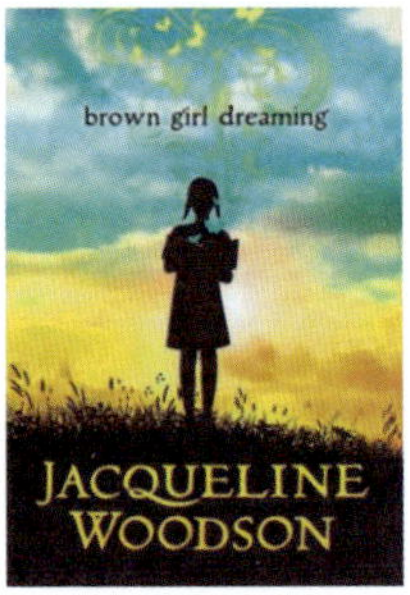

《尼姆的老鼠系列·胜利大逃亡》
| 罗伯特·奥布赖恩

***Mrs. Frisby and the Rats of NIMH*, Robert C. O'Brien**

在这部获得纽伯瑞金奖的经典作品中，一只守寡的老鼠妈妈带着四个孩子面临着险恶的困境，而这一困境只能在转基因超强智力老鼠的帮助下才能化解。

《神奇的收费亭》 | 诺顿·贾斯特著，朱尔斯·费弗绘

***The Phantom Tollbooth*, Norton Juster, illustrated by Jules Feiffer**

这部非同凡响的作品经受住了时间的考验。它充满了文字游戏和思维迷宫，也将吸引成年人反复阅读。

《喝月亮的女孩》 | 凯莉·巴恩希尔

***The Girl Who Drank the Moon*, Kelly Barnhill**

在这本摘得纽伯瑞金奖的作品中，善良的女巫赋予了一个婴儿神奇的魔法力量。故事情节曲折，引人入胜，经久不衰。

《不老泉》 | 纳塔莉·巴比特

***Tuck Everlasting*, Natalie Babbitt**

如果你能长生不老，你愿意吗？这部小说讲述的是一个发现了长生不老泉的家庭的故事，对生与死这个永恒的哲学问题进行了细微的探索。读完后你会对死亡和生命本身有一个全新的理解。

《天使雕像》 | E.L.柯尼斯伯格

***From the Mixed-Up Files of Mrs. Basil E. Frankweiler*, E. L. Konigsburg**

本书从首发至今已经过去五十多年

了，但依然璀璨夺目。女主人公克劳迪娅·金凯德遵循着自己对自由与幸福的绝妙但古怪的认识，骗过周围的成年人，带着弟弟离开郊区的家，成功来到了大都会艺术博物馆展开一段冒险旅程。

我们挑选的中级读物系列

桦树皮小屋系列 | 路易丝·厄德里奇

***Birchbark House*, Louise Erdrich**

著名成人作家厄德里奇创作的这个系列作品，讲述的是1847年前后住在苏必利尔湖一个小岛上的奥吉布瓦女孩的故事。这个系列故事与劳拉·英格尔斯·怀尔德的“小木屋系列”一样，均以美洲原住民的视角讲述了白人向西扩张的历史。

梅伦迪四姐弟系列 | 伊丽莎白·恩赖特

***The Melendy Quartet*, Elizabeth Enright**

作者是为《纽约客》撰文的小说家，在这个系列中描写了20世纪初生活在曼哈顿的一个家庭，家中的孩子们都十分独立。这个系列包括《四姐弟的星期六》《四姐弟的新家》《四姐弟的新兄弟》《四姐弟连环解谜》。

《洛奇的狼》三部曲 | 凯利·阿姆斯特朗，梅利莎·马尔

***Loki's Wolves Trilogy*, K. L. Armstrong and Melissa Marr**

包括《奥丁的乌鸦》和《雷神的蟒蛇》在内的冒险三部曲将神话故事糅于其中，讲述了一个发生在南达科他州黑山地区的故事。

波西·杰克逊系列 | 雷克·莱尔顿

***Percy Jackson*, Rick Riordan**

在这个广受欢迎的系列中，一个男孩与神话中的群魔怪兽展开了一系列的搏斗，动作场面高潮迭起。实际上，在这套恢宏巨著中有三个独立的系列，都是由这位曾做过老师的作家为那些“不愿读书”的男孩创作的。男主人公的力量源于他的阅读

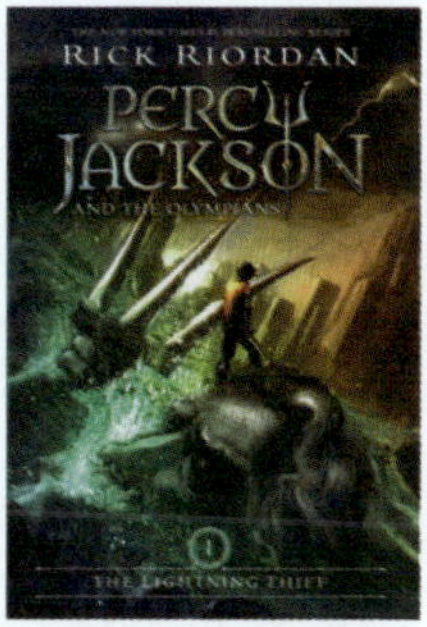

障碍，而其他角色也都各具风采。

歪歪路小学系列 | 路易斯·萨奇尔

***The Wayside School*, Louis Sachar**

到目前为止，萨奇尔的故事已深深吸引了好几代的孩子。这些构思巧妙的滑稽故事发生在一个50层楼高，却没有19层的学校里。书中有大量的数学和文字游戏，使学校的概念变成了一个类似游戏的东西。

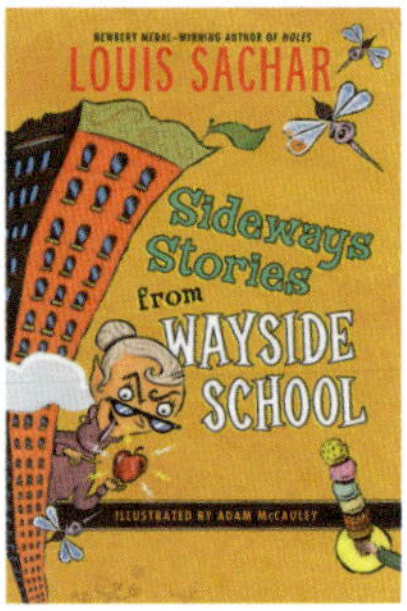

驯龙高手系列 | 克蕾西达·考威尔

***How to Train Your Dragon*, Cressida Cowell**

一个名叫小嗝嗝的温柔男孩必须抓住并训练一条龙才能进入北欧海盗部落。这些构思巧妙的故事既充满了英雄气概又带着点傻气。尽管考威尔随性的画风已然让故事生动鲜活，但电影也还是值得一看的。

波特莱尔大冒险系列 | 雷蒙尼·史尼奇

***The series of Unfortunate Events*, Lemony Snicket**

这部悲喜剧冒险传奇讲述了三个孤儿和一个想偷走他们遗产的叔叔在一起时发生的一连串故事，其中的黑色幽默正是许多孩子乐此不疲的。

田径系列 | 杰森·雷诺兹

***The Track series*, Jason Reynolds**

“捍卫者”田径队的每一位队员都有各自的竞争实力、鲜明的个性和独特的情感。在该系列中，他们每人讲述了一个故事。赛道之外的挑战远远超过了赛道上的奔跑。

天才系列 | 迈克尔·但丁·迪马蒂诺

***The Geniuses series*, Michael Dante DiMartino**

这个冒险动作系列故事发生在一个深受文艺复兴思想影响的世界，它对幻想世界的设定以及作者参与创作出品的动画系列（和图像小说）《降世神通：最后的气宗》一样值得期待。

我们挑选的与“哈利·波特”类似的图书

如果你的孩子已经读过“哈利·波特”系列，那看起来目前没有哪本书能超越它的了。但是，生活远不止“哈利·波特”，还有很多！

绿野仙踪系列 | L. 弗兰克·鲍姆

***The Oz books,* L. Frank Baum**

每个人都知道《绿野仙踪》的故事，但大多是通过电影而非图书知道的。对于“哈利·波特”的粉丝来说，“绿野仙踪系列”最引人入胜的一点是，鲍姆也创造了一个真实可信的世界，并且通过一系列长篇巨著将其呈现出来。

动物变形人系列 | 凯瑟琳·阿普盖特

***Animorphs,* K. A. Applegate**

这部由纽伯瑞金奖得主凯瑟琳·阿普盖特创作的系列小说比“哈利·波特”系列更容易上手阅读，文学性也略低。这个系列的书为读者创造了一个精彩纷呈的奇幻世界，在这里，孩子们能够变形为各种不同的动物。值得一提的是：这个系列中有很多书，其中派生出的另外一些作品也很精彩。

猫武士系列和狗武士系列 | 艾琳·亨特

***The Warriors series* and *The Survivors series,* Erin Hunter**

这两个系列分别发生在猫和狗主宰的世界。读过这些书的孩子们真的能被深深吸引。每个系列中都有数部作品，而且还出了附属系列。父母们看到这些数不清的书名会眼花缭乱，但对小书迷们来说则不然。（注：艾琳·亨特是五位多产且有成就的童书作家的化名，他们是一个团队。）

永泊镇系列 | 杰西卡·汤森

***The Nevermoor books,* Jessica Townsend**

一个因出生在不幸日子里而被众人嫌弃的女孩，一个唤作“永泊镇”的神秘魔法城市，一个充满魔法和危机的世界。不错，这是“哈利·波特”风格的作

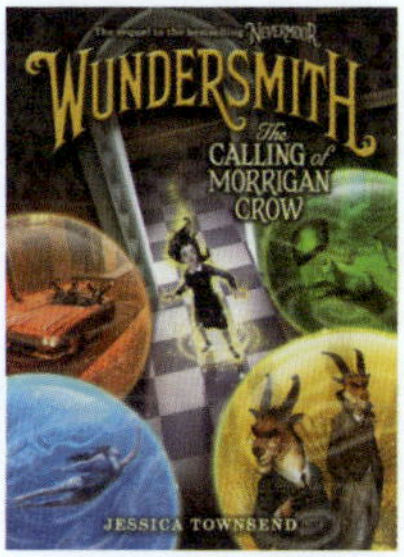

品，同样精彩。

天才神秘会社系列 | 川顿·李·史都华

***The Mysterious Benedict Society series,* Trenton Lee Stewart**

一个失去双亲的男孩在接受了一个奇怪的测试后，得以进入只招收绝顶聪明者的学院。当然，一切都不像看起来那样顺利。故事构思巧妙，离奇古怪，引人入胜。

无用之人系列 | 丽莎·麦克曼

***The Unwanteds series,* Lisa McMann**

在这个反乌托邦系列中，所有13岁的孩子都被贴上了“有用”“待用”或“无用”的标签，故事悬念迭起，险象环生。它有一个续集:《无用之人的任务》。

怪屋女孩系列 | 兰萨姆·里格斯

***Miss Peregrine's Peculiar Children,* Ransom Riggs**

无论故事还是版式 —— 老式怀旧照片贯穿始终 —— 都具有创新性。本书讲述了16岁的雅各布和他所发现的“怪异”儿童寄宿学校的故事，也是一个关于青春、关于岁月的故事，它奇异而充满幻想，扣人心弦，适合“哈利·波特”的大龄粉丝们。

五元素系列 | 丹·乔利

***The Five Elements series,* Dan Jolley**

四个朋友必须拯救旧金山以免于即将到来的灭顶之灾。这个神奇的冒险系列故事蕴含着大量幽默元素，为危机四伏的黑暗氛围增添了一抹轻松的色彩。

寻找什么样的中级图像小说

故事内容和风格都重要

图像小说深受众人喜爱，但它们的风格不尽相同。如果你的孩子偏爱某些非图像小说，他也会关注那些同样题材的图像小说。同样的道理，一个孩子如果喜欢小说中的动作和冒险内容，那么他也会喜欢上含有这种内容的图像小说。

可以考虑改编的版本

从《黑骏马》到《假如我有完美的妈妈》再到“阿特米斯系列”，许多经典的或当今畅销的儿童图书正在被改编为图像小说。你的孩子喜欢一本书的原作，或许也会喜欢上它的图像小说版本，甚至读来更有兴致，对两种不同的叙事形式做一个比较也是蛮有趣的一件事。

不要躲避严肃话题

部分优秀的成人图像小说和回忆录探讨的是一些非常严肃的话题，同样，儿童图像小说也涉及了一些严肃的话题。对于一些孩子来说，用图像的形式谈及这些话题或许更易于接受。

你需要注意的事情

成人的读物

大部分的儿童小说或非虚构文学作品一眼就能看出是专门为小读者创作的，成人图书亦是如此，但图像小说却是一个例外，因为某些成人图像小说乍一看像是画给孩子们看的。尤其要注意的是，一些小出版商可能不会花费心思根据读者年龄来制作图像小说的封面，所以把它们带回家之前，一定要仔细检查。

并非多多益善

有时候你也许会被图像小说深深吸引，禁不住将许多这类图书推荐给孩子，但忽视了那些对中级读者来说同样重要的纯文字类图书。赞同阅读图像小说并为孩子提供这类图书固然重要，但千万不能让图像小说完全取代纯文字图书。

我们挑选的中级图像小说

《轮滑女孩》｜维多利亚·杰米逊

***Roller Girl*, Victoria Jamieson**

阿斯特丽德在上初中以前加入了轮滑竞技训练营，但她能跟得上那些年长的女孩并与迷恋跳舞的好朋友保持友谊吗？杰米逊十分擅长捕捉那些不合群孩子的情绪，以及他们成长道路上所经历的细微却必然的变化。

《太空女孩齐塔》｜本·哈特克

***Zita the Spacegirl*, Ben Hatke**

齐塔最好的朋友约瑟被外星人绑架后，她冲进太空前去营救，途中遭遇了疯狂生物的阻挠，但她最终智胜了那些星际怪物。哈特克的《全能杰克》——现代版的《杰克与豆茎》——同样引人入胜。作者将画面与故事安排得恰到好处，绝不会让你失望。

《巨人，当心！》｜豪尔赫·阿吉尔著，拉斐尔·罗萨多绘

***Giants Beware!*, Jorge Aguirre, illustrated by Rafael Rosado**

这个三部曲（另外两部是《巨龙，当心》和《怪兽，当心！》）的女主人公名叫克劳德特，是一名精力充沛的怪物猎手，她的冒险路上处处充满了幽默。本书画面色彩鲜艳，是一部现代风格的冒险童话。

《我的邻居龙猫》图像小说｜宫崎骏

***My Neighbor Totoro Picture Book*, Hiyao Miyazaki**

这是那部大受欢迎的经典电影的图像小说版本，很适合用来向孩子推介电影版或丰富其观影体验，但同时它也是一部讲述丰富而复杂的友情故事的独立作品。

《童话漫画》《寓言漫画》和《童谣漫画》｜多位作者，讲漫书社出版

***Fairy Tale Comics*, *Fable Comics*, and *Nursery Rhyme Comics*, multiple authors, published by First Second Books**

童话故事与漫画结合，真是妙不可言！寓言和童谣也是如此。孩子们喜欢自己熟悉的故事以生动活泼的视觉形式呈现。

《怪物少女妮莫娜》｜诺埃尔·史蒂文森

***Nimona*, Noelle Stevenson**

这部适合10岁及以上孩子的精彩图像小说，最初是一部大受欢迎的网络漫画。它颠覆了传统超级英雄的情节，一个小姑娘签约成为一个大坏蛋的正式助手，尝试重塑他的形象。

《老街的童话》｜聂峻

***My Beijing: Four Stories of Everyday Wonder*, Nie Jun**

这些精彩的故事在亦真亦幻的时空交错中联系在了一起。书中刻画的残疾女孩尽管走路不便，但这丝毫没有阻碍她探索生机勃勃的老街。故事让人联想到宫崎骏的电影，但比电影更加温馨甜蜜。

《做好准备》｜维拉·布罗斯格

***Be Prepared*, Vera Brosgol**

这个故事发生在夏令营里，充满小波折但又搞笑而鼓舞人心：维拉是一个12岁的俄罗斯移民，试图与美国本地的女孩打成一片，但没能成功。参加一个为说俄语的孩子举办的夏令营，似乎是解决问题的好办法，然而一系列全新挑战又在等着她，首要的是营地茅坑问题。

我们挑选的图像回忆录和纪实作品

《内森·黑尔的惊险故事》

Nathan Hale's Hazardous Tales

这些故事据称是美国独立战争时期大陆军的战士内森·黑尔在他被英国当局处死的前夜透露的，成为美国历史上颇具戏剧性的插曲。这些故事史料确凿，但因为人物众多、情节曲折而带有了一种影视风格。

《微笑》｜蕾娜·塔吉迈尔

***Smile*, Raina Telgemeier**

善于情感描写的塔吉迈尔写过许多洞察

幽微、振奋人心的故事，这本讲述的是六年级的蕾娜经历的牙套风波、与男孩之间发生的矛盾以及其他一些麻烦事。大部分小学生在读完这本后会迫不及待地去看同一系列的《戏剧》和《姐妹》。

《超听侠》｜茜茜·贝尔

***El Deafo*, Cece Bell**

这本感人又充满智慧的回忆录讲述了一个听力障碍患者在学校里的经历，作者贝尔把自己描绘成了一只长耳朵兔子，将自己的残疾化为了超能力。

《真正的朋友》｜香农·黑尔

***Real Friends*, Shannon Hale**

本书来自作者黑尔童年时期真实的有趣的经历，主角是一个性格开朗却在社交方面笨手笨脚的女孩，故事充满了魅力，让那些不善于社交的孩子在首次遭遇“友谊危机”时学会自救。

《起舞》｜锡耶纳·切尔森·西格尔著，马克·西格尔绘

***To Dance*, Siena Cherson Siegel, illustrated by Mark Siegel**

这本书以优雅并带有一丝忧郁的语气诉说了年轻芭蕾舞演员生活中的艰辛、美好与悲伤，同时还讲解了很多芭蕾舞的知识。

《人体剧院》｜玛丽丝·威克斯

***Human Body Theater*, Maris Wicks**

本书以戏剧形式呈现了一次穿越人体的旅行。当科学概念以这种清晰且有趣的形式呈现出来的时候，你会被孩子超强的理解力所折服。

《无所畏惧：影响世界历史的50位女科学家》｜瑞秋·伊格诺托夫斯基

***Women in Science*, Rachel Ignotofsky**

严格说来，这本伟大的女科学家们的小传并不算是一本图像小说，但是它将事实和故事以生动有趣的插图呈现出来，极具视觉吸引力，每页都值得细细品味。

我们挑选的中级图像小说系列

蓝发女孩希尔达系列 | 卢克·皮尔森

***Hilda and the Bird Parade and related Hilda Stories*, Luke Pearson**

一个虚构的、充满了魅力的欧洲城市与魔法世界交织在了一起，大胆的蓝发女孩必须在这个神秘而奇幻的空间中奋勇前行。

骨头系列 | 杰夫·史密斯

***The Bone series*, Jeff Smith**

这个长篇传奇系列是公认的儿童图像小说热潮的引领者。书中主要角色是被称为方骨、假骨和笑脸骨的骨头，他们被迫离开骨头村，在山谷间闯荡，期间结识了一批新朋友，也遭遇了一些可怕的怪物。

手工猫系列 | 切丽丝·美利克·哈珀

***The Crafty Cat series*, Cherise Mericle Harper**

是的，图像小说也可以如此甜美可爱。该系列讲述了一个二年级小姑娘如何适应学校生活的故事，有时候她可以变成一只会做手工的猫，这套书同时也是优秀的早期读物。

扭仔系列 | 道格·坦纳佩尔

***The Nnewts series*, Doug TenNapel**

在这个奇异的想象世界里，两栖类动物与爬行类动物是冤家对头，我们的小个子英雄必须智胜变异蜥蜴，为自己的家园和亲人报仇。

神探狗狗系列 | 戴夫·皮尔奇

***The Dog Man series*, Dav Pilkey**

比起皮尔奇的“我们的校长是超人系列”，这一系列更适合稍大一点儿的孩子，尽管没有那么多傻里傻气的幽默，但故事巧妙，充满惊喜，和他那些有名的系列故事一样滑稽有趣，甚至更胜一筹。

小屁孩树屋历险记系列 | 安迪·格里菲思著，特里·丹顿绘

***The Treehouse series*, Andy Griffiths, illustrated by Terry Denton**

该系列充满了夸张的描写、粗粝的幽默和男孩的恶作剧，这就足以引起各国读

者的追捧。喜欢《小屁孩日记》的读者也会喜欢这个系列。

梦境穿越者系列｜格雷戈·格伦伯格著，卢卡斯·特恩布鲁姆绘

***The Dream Jumper series*, Greg Grunberg, illustrated by Lucas Turnbloom**

本是一个能跳进其他人梦中的孩子，这项技能在他的朋友们一个个变成梦魇怪兽的猎物时派上了用场。男孩子们为朋友出手相助的故事，读来十分过瘾。

奥林匹斯神话系列｜乔治·欧康纳尔

***The Olympians series*, George O'Connor**

这个系列用超级英雄的漫画风格讲述了希腊神话故事——神祇，还有半神。谁会不喜欢呢？

寻找什么样的中级有声读物

一起分享

有声读物，特别是在车上听的有声读物，让不同年龄的孩子和大人能够一起分享听故事的乐趣。某些经典和当今备受欢迎的故事，如《精灵鼠小弟》或《哈利·波特与密室》或“波西·杰克逊系列”，对于那些十几岁以及更大一点儿的孩子（他们自以为长大了而时常做出逆反行为）来说，会让他们暂时忘记自己的自负（“我记得这个！”“我以前很喜欢这本书！”），同时，也会为自己的弟弟妹妹树立榜样——他们或许因而迷上哥哥姐姐所喜爱的图书。至少，有声读物在带给某一个孩子极大乐趣的同时，也将这份乐趣传给周围的人。

被动的听众

当你与孩子们驾车旅行时，抓住他们只能待在车里的这个时机，给孩子们听听平时他们可能会拒绝的东西，不管是希腊神话故事还是挪威民间故事。如果某个孩子就是不想参与，可以让他随时戴上耳机听自己的东西，其他人则可以一起聆听汽车扬声器里播放的内容。

一个人听

许多孩子都有电子设备和耳机，而且已经开始自己听音乐和播客了。为什么不让他们把有声读物加进去呢？很多有声书价格便宜，你甚至可以考虑让他自己去订阅有声书（或通过家庭来订阅）。就像他选择自己喜欢听的音乐一样，让他自由地选择想听的图书；无论是在上学路上、跑步中还是坐在汽车后座上，他都可以自由聆听。

自由随意

大部分图书馆都有海量有声资源，读者可以下载。除此之外，许多优秀的故事都已分享到了公众平台，可以免费下载或者花很少的钱在线阅读。你几乎可以不用花钱就能坐听故事，而且如果不合自己的口味，可以随时中途放弃。

最值得信赖的声音

不是每个作家都擅长朗读，所以如果出版商让这本书的作者成为朗读者，那一定是因为他擅长朗读。有谁比作者本人朗读更为合适呢？邪恶的巨魔说话该是什么样的声音，作者最有发言权了。

你喜欢的明星是否有朗读天分

有些演员在读有声书方面很有才华，而另一些明星则更适合屏幕。不要立即选择你喜爱的演员的有声读物，在购买或下载以前，先在网上试听一小段。

复“读”

作为读者，我们时常渴望能够回到曾经迷恋的世界，就像回到一个老朋友身旁，音频便提供了这样一种好的方式，让我们再次或上百次地享受一个故事。即使第一次读后过了两三年，孩子们在重新思考这本书时也能受益匪浅，也能体会到不同的感受，毕竟在这一段时间里，他们不可避免地发生了许多变化。任何一个11岁的孩子隔一段时间再听《哈利 · 波特与凤凰社》，都可以轻松地找到他上次中断的地方。

你需要注意的事情

没必要的音效

有时候背景音效能够产生好的效果，但有时候只是噪声罢了。朗读苏斯博士的故事时，无须各种铃声和呼啸声。如果可以，先在线试听一小段。

辨别删减版本

大部分孩子都喜欢完整的故事。当然，在某些特殊情况下，若想满足所有年龄段的听众，那么长篇巨著和经典故事只能采用删减的形式。一般情况下，封面上就会注明删减版，但最好还是仔细阅读一下封面和封底上的说明，以便找到合适的版本。

太多的人物角色

等一下，现在讲的是谁？这个角色是坏蛋还是英雄？如果不熟悉的故事里有许多人物，那么在音频中是很难区分的，有时甚至比读书更难，因为把音频倒回到一个精确的位置，并不像重读书中某一段那么简单。

第四部分

终身读者：青少年篇

成长就是跌跌撞撞地奔跑，前进三步倒退一步……作为一个十几岁孩子的父母，你或许会感到头疼，甚至心力交瘁，因为这是孩子继学步期后又一次飞速成长的时期。尽管人们对青春期少年颇有微词，然而当你看到自己的孩子一步步地长大成人，尤其在阅读方面变得越来越独立时，你还是会感到无比快乐甚至激动。事实上，接下来还会让你感到惊喜。在你经历同样躁动的青春期的时代，一种面向青少年的全新且充满活力的图书文化已经逐渐形成。

几十年前，“青少年文学”[1]这个分类甚至还不存在，但如今它的名字响亮且豪迈。在书店和图书馆里，青少年文学占据了相当大的一部分空间。这些书的作者简直就像摇滚明星——青少年们排成一条蜿蜒长队，耐心等候与作家见面并获得签名书，这景象着实让我们震惊。同样，这些图书改编的电影也广受欢迎，播放频率之高令人惊讶。还有一个公开的秘密：许多青少年文学的读者实际上都在21岁开外。这些图书不只是十几岁孩子一次性的快乐读物，其中许多都是适合各个年龄段阅读的，它们文笔优美，笔触细腻，只是在创作之初专门针

---

① “Young adult literature”直译过来是“年轻的成年人所看的文学作品”，这是西方出版商提出的一个图书产品分类。译者将其翻译为“青少年文学”。目前许多中文图书及杂志直接选择使用“Young Adult”的缩略词“YA”来代替。

对的是青少年群体。

许多终身读者还记得，青少年时期是一个深度阅读、与书为伴的时期，一个你在阅读中寻求答案的时期，试问自己是谁、信仰什么和在这个世界上何处立足的时期。图书中提供了角色示范、英雄模范及非英雄角色。无论是通过真实的描述，还是理想中的阐述，图书告诉青少年这个世界是如何运作的。一个虚构的故事或一位重要人物的传记，可以为青少年提供一条出路或让他避免一条弯路。简言之，青少年在此时期学着通过文学作品来疏导挫折、悲伤、迷茫和孤独，而且在书中找到慰藉、陪伴和希望。

但是，父母能为青少年时期的阅读提供哪些助力呢？如果你明智的话，相信你不会直接插手孩子的阅读生活。毕竟，养育青春期少年，战略上要退后，以便于孩子们能找到自己的道路。但是你仍然扮演一个角色，一个非常重要的角色，有时候是帮助孩子找到他喜欢的图书，有时候是找出他*放弃*阅读的原因或者为什么没像你希望的（或者他想象的）那样阅读。不管你的家庭是何种情况，你现在的任务就是，尽可能多地了解你那不断变化的、追求独立的青春期孩子的激情和偏好，以及所有那些能帮助他、吸引他、安慰他并激励他的图书。

你需要了解的事情

一些青少年文学的历史

中级小说中的主角年龄多集中在11岁或12岁，但这些作品所面向的读者群是8—12岁的孩子。我们知道孩子们喜欢而且常常偏好阅读那些角色年龄稍大于自己的读物，这就意味着许多十一二岁的孩子开始对这些中级读物失去兴趣，并且开始窥探青年人的文学殿堂。但是，怎么知道他们是否准备好读这些书了呢？

这个问题很难回答，不仅因为每个孩子都不尽相同，而且随着“青春期图书”种类的增长和发展，它们不可避免地扩大了范围，有时候很难立马准确说出一本书是不是属于“青少年文学”，比如故事中恰好有一个十几岁主人公的一部成人小说或奇幻系列小说。

什么是青少年文学？

一本为成年人写的*关于*青少年的书，通常会以成年人的眼光*回顾*青春期的经历，提供与成年人相关的内容。相反，一本“青少年文学”图书直接将读者带入青少年时代，去亲身体验那个充满了困惑、兴奋、风险和荷尔蒙分泌旺盛的时期，而此时的读者，并不知道自己的未来是什么样子，或者成年后的实际状况。他们不是在反思青少年时期，而是全身心地沉浸其中。一本“青少年文学”图书中的成熟的成人角色，往往是“他者”：是权威，是理性之声，是敌人，是安慰者。总之，在主人公所经历的诸多或悲或喜的人生第一次中——第一次恋爱、第一次离家、第一次遭遇社会和政界的残酷现实——青少年的视角始终占主导地位。

越来越早的青春期

现今的青少年文学已经发展到既有自己的文体大类，又有细分类，从埃伦·霍普金斯等作家的粗犷诗歌小说到马里科和吉利安·塔马基的图像小说，再到玛丽·卢等作家的未来幻想作品。正是这些书让我们见证了这个时代*越来越早熟*的趋势，在这个趋势中，孩子们在11岁时就开始做以前14岁的孩子才开始做的事情。所以，厌倦了中级读物的孩子，现在他们面前摆放的可能是丰富多彩的文学作品盛宴。例如，我们都认识许多上小学的孩子，他们已经读完了面向青春期读者的“哈利·波特”系列小说，小说中就包括一名高中生惨死的场景。你不是唯一面对这种情况的父母。

青少年文学作品对许多父母来说起到了一个过渡和调节的作用，尤其是在你的孩子们还没有进入青春期时。青春期往往始于一种态度的转变，这种转变在真正进入青春期之前就已经开始了，而青春期开始的时间越来越早，特别是女孩，体内的荷尔蒙在8岁时就开始起作用。不管你的孩子在情感上是否已经做好阅读青少年文学的准备，他很可能都想一睹为快，而且这个时间比你预期的早很多。

叛逆仍然是常态

如果你还记得自己在青春期前和青春期时的一些行为的话，你可能很了解一个词：*叛逆*。可是现在，当你想到自己11岁的孩子读苏珊·柯林斯的《饥饿游戏》时，或许会感到愕然，因为该书讲述了一个地狱般的未来：恶毒的统治阶层举办了一个锦标赛，让大大小小的孩子互相残杀，直到死去。但是记住，这本书对你的孩子的意义可能是象征性的，或

许他只是想通过这本书让自己看起来“坚韧”“前卫”或“知识渊博”，他想*通过阅读一本书*向全世界传达这些信息，对此你大可放心。况且，阅读这些作品时，他并没有从事这些行为，他只是在阅读、思考，并学着做判断及得出自己的结论。

抓住其中的机会

看到孩子被一本你没把握的书所吸引，你内心一定五味杂陈吧？在某种程度上，你的心情正是所有父母内心的写照：喜出望外（孩子在读书！），忧心忡忡（在读*那样的*书？），同时又充满了期待。至于令人不安的内容，比如《饥饿游戏》中生死存亡的残酷场面，首先，你可以把这看成是一次可供深入交谈的机会，也许会引发许多值得思考的问题。当你决定是否该同意让他读某本书时，一定要尽可能坦诚地说出自己的感受。对于《饥饿游戏》，你可以说“书里讲述的事情真让人不安，我担心这会吓到你或让你对这个世界产生负面印象”。你可能会惊讶地发现，他的回答竟然十分老到，那么祝贺你，这便为你提供了与他进行深入交谈的机会。你可以讲一下书中的内容会如何影响他，以及一本书对他的生活来说意味着什么。另外，《饥饿游戏》里也有很多感人之处，比如故事开端就是一个十几岁的孩子为了自己的妹妹和母亲而做出了牺牲。作者说过，她写这本书的意图是反对战争，不管怎样，我们认为她成功地达成了这个目标。这原本就是每个人都要了解的问题，只是作者（还有出版商）承担起了宣传教育的责任，将这些问题认真严肃地放置于小说的背景之下。孩子们可以通过许多渠道——互联网、朋友、校园、公交车上无意中听到的谈话等——来了解这些棘手的话题，然而图书则是一个可预见的最佳渠道。

让他们独自阅读

无论是通过网上聊天、电影还是图书来获知的故事，青少年们从中寻求的都是安慰、肯定和同情心。青春期是典型的以自我为中心和充满戏剧性的人生阶段，对于那些感到孤独（没人能理解我！）同时又渴望归属感（为什么没有人理解我？）的孩子，文学可以提供非常有力的陪伴。孩子们希望通过他们读的书来认识自己并找到志同道合的人，正如他们在现实生活中通过社交媒体，或在学校的走廊上做的那样。如果你的正处在青春期的孩子沉浸在一本书中，并且不想与你谈论它时，不要焦虑不安。（有时候，他们实际上担心你会为他们担心！他们的反应很可能是："不要大惊小怪，妈妈。我不会变成书中的样子，我只是读读而已。"）

让他们上网

是的，你没看错。首先，青春期图书的作者常常出现在社交媒体上，与粉丝进行实时互动。互联网也是让青少年们谈论和思考的好途径。很多作家都擅长使用社交媒体分享自己的生活故事，开开玩笑，推荐图书，对时事

发表评论…… 这往往深受青少年读者的欢迎。他们经常直接回复粉丝，偶尔也会在网上举行有奖赠书比赛或即兴现场聊天。所以，如果你家孩子喜欢一本书，一定让他知道书的作者很可能经常出现在社交媒体上。

很多网站会定期更新书目——你的孩子若想寻找某一特定题材、类型的图书或单纯了解一下最新流行的图书时，它们都是很好的查询资源。

记得留出电影之夜

对于青少年文学的读者来说，还有许多由图书改编的电影可以观看。你也许对电影《分歧者》并不十分感兴趣，但你13岁的女儿或许会被深深吸引。不妨让她先读读这个系列的图书，等她读完后，和她一起看电影，作为阅读这套书的收尾。

停下脚步，走进书店

如果你带着孩子外出办事，可以顺便光顾一下当地的书店。这看似是无意之举，实则是你有意创造机会，让图书融入你们的生活中去。在你浏览图书时，他不得不独自在过道上闲逛，受到你的鼓舞或一时心血来潮，他也许会去读点什么。当然，你可以装作漫不经心地答应给他买一些看起来特别有吸引力的书。如果这不在预算之内，可以搜寻一些日后在图书馆能借到的书。

让他们从网上下载

如果经济条件允许的话，你可以支付孩子在电子书网站下载图书的费用，还可以为他安装当地图书馆的应用程序。把你的手机连接到汽车的播放器，旅行途中或者开车送他去学校时可以一起听书。这样做还有另外一个好处，可以把你带进他的故事里（即便这不是你特地挑选的故事），你或许会发现你那闷闷不乐的青春期少年正在分享他对你们一起听的故事的想法。

加入读书会

在读书会，父母可以跟孩子一起阅读，这是一种增进情感的美好体验。如果孩子的朋友也在读书会里面，他们可能会更乐于参加。相反，如果俱乐部里也有一些*你的*朋友，有些孩子也会特别感兴趣；他们喜欢看到自己的父母扮演一个不那么严肃的角色，轻松地和自己的朋友待在一起，而不总是摆出一副家长的面孔。在各种阅读活动中，没有什么能比一群读者聚集在一起、轻松自在地相互推荐图书更有成效的了。如果你的女儿看到自己朋友超酷的妈妈喜欢一本书，她可能会备受激励而有样学样，或许也会因为欣赏其他孩子而对他们喜欢看的一本书心生喜爱。

会不会太迟？

一位功成名就的作家语出惊人："我记得小时候没读过多少书。"我们听到这句话的次数远比你想象的多，而且他们这样的坦白对于那些看起来对书不感兴趣的孩子的父母来说，也是莫大的鼓舞和安慰。

以畅销书作家马特·德拉培尼亚为例，他曾为包括青少年在内的各个年龄段的孩子们创作过。他的图画书《市场街最后一站》由克里斯蒂安·鲁滨逊绘制插图，获得2016年纽伯瑞奖（这个奖很少颁给图画书）。这位精力充沛的作家经常提起他十几岁时的情形：当时他不停地打篮球，从不主动打开书看。他记得自己从没想过要去读一本小说或看完一本任何类型的书。当他不得不待在学校图书馆时，也只会翻阅体育杂志。他说，现在回想起来，自己那时实际上是在搜罗一些关于运动员的信息，寻找关于*生活*的故事：球员们来自哪里，他们的家庭是什么样的，他们是如何打进大联盟的，是谁帮助了他们或谁没有帮助他们。这一条条信息——有用的故事情节——比统计或分析更吸引他。他是拿着篮球奖学金上的大学。在一次英语课上，老师布置的作业是阅读《芒果街上的小屋》，正是这本小说改变了他的人生。他在书中窥见了自己的生活和自己的家庭，这让他激动不已。他开始读更多小说而且再也没有停下来，不久后他便开始写作了。如果你认识当时那个痴迷于篮球、对运动之外任何内容的图书漠不关心的少年，就绝不会想到写作会成为他的人生目标。实际上他真正想寻找的是和他一样的人的故事。

德拉培尼亚的故事给我们一个启示：反思你那处于青春期的孩子进行的各种阅读并承认那都是阅读，这一点很重要。尽管当前他还没有开始读一本小说，但他看漫画，每天查看搞笑图片网站，这些都表明你的孩子是一个阅读者。那么，能否找找那些与他当前的兴趣或特别想研究的事情相吻合的图书？也许他最喜欢的网络名人写的一本书（他们绝大多数确实写书）、一位演员或体育明星的回忆录或者他的同学们正在传阅的某本书……这些都可能是你的孩子进入阅读盛宴的一张门票。正如德拉培尼亚被《芒果街上的小屋》中熟悉的文化传统所打动一样，你的孩子可能也会从一些书中看到自己的生活和经历的印记，那就请注意一下那些书吧。你可能会觉得他总是一味地反抗、拒绝与家庭相关的任何事情，但事实或许正好相反，他寻找的正是对自己的肯定，对自己的过去、现在和未来的肯定。图书就是那个让人进行自我认知的理想场所。

肩负使命

青少年喜欢读一些他们认为至关重要、关乎自身价值的内容，比如社会正义、性别平等、移民、贫困和环境等。这些图书往往将棘手的问题放在与读者年龄相适应的背景之下，并以慎重而有效的方式加以处理。更重要的是，作家们将书写这些问题看作是自己的使命，创作出一批笔锋细腻、敏锐且有感召力的图书，比如安吉·托马斯的畅销小说《黑暗中的星光》以及其他关于警察杀害手无寸铁的黑人的青少年小说。那些关于社会压迫和环境破坏的故事，无论是以当今世界、遥远的星球还是未来世界为背景，当青少年第一次长时间、认真地审视这些故事并反观现实世界时，都会与之产生强烈共鸣。

探索大人的书架

你或许没有想到，你的书架竟然能激发青春期孩子的兴趣。给他自由，任他探索，即便有些书的主题对他来说太过成熟也没关系。想想他第一次

碰触成人世界的某些话题，是在父母的书架上而非其他地方，你会感到些许宽慰。而且，青少年还有另一个不想让你知道的秘密：他们实际上可能对你和你的生活很感兴趣，就像人类学家对古代玛雅人感兴趣一样。当然，他们不会直接告诉你！浏览你的书架，你的孩子可能会注意到你也不是那么完美，你需要消除焦虑的指南，也会通过阅读来逃避生活。

多聊聊书

就像询问孩子一天过得怎样（通常你只得到极少的信息，但你仍然会天天问）那样，你也要时常关心孩子们正在读什么书，是学校要求读的书还是自娱自乐的课外书。晚餐时和你的爱人谈谈你正在读的书，也欢迎孩子提问和发表见解，即便他没读过那本书，这也会让孩子感到自己已经变得足够成熟和老练。

听从专家的建议

对任何年龄段的读者而言，在寻求荐书意见时，第一站最好是去找图书管理员或有经验的书商，尤其对青少年的父母而言，与这些人谈话会获益匪浅。其中一个原因是，随着孩子慢慢步入初中，你参与孩子生活的方式也会随之改变——你与其他孩子父母的交往不像他小时候那样频繁，因此在培养孩子的阅读兴趣的过程中，外来的支持和建议也会慢慢少起来。尽力去跟那些有经验的专家谈谈你的孩子的问题，聊一聊你儿子看起来不喜欢读书的原因以及他的性格和爱好等，询问一下有什么书能打破这种困境，让他爱上阅读。或许你还会从一些意想不到的地方获得帮助，比如有的服装店为了发展年轻时髦的客户，通常会在店里摆放一两本适合孩子的图书，这些书会让孩子们眼前一亮。

当青少年暂时放弃阅读时

如果你已尽你所能帮助孩子爱上阅读，而且效果非常显著——从小学到初中，她通过阅读自己最喜欢的书来展示自己的个性，不停地寻找新书并重读自己喜欢的书，可是，突然间，一切戛然而止。这个曾经一口气阅读五本甚至十本书的女孩，那个手不释卷的女孩，几个星期甚至几个月来都没有主动翻过一本书。就这样结束了吗？就这样半途而废了吗？读者朋友，这事在玛丽亚身上也发生过。她的女儿在13岁时放弃了阅读，中断了将近一年之久。对她的女儿来说，这是一段艰难时期——搬到一个新的城镇，面临着交友难题甚至青春期焦虑。玛丽亚心急如焚，直到一位心理学专家解释说，青少年经常会突然放弃童年的一些兴趣，但只是暂时性的。毕竟，他们正在构建自己新的身份，很多孩子常常把过去一笔勾销。童年的兴趣突然间变得无聊、尴尬，没有了吸引力。对玛丽亚的女儿来说，不仅仅她小时候读过的书是这样，所有的书都是如此。她把业余时间都花费在其他事情上——听音乐并制作歌单，体验旧货店里的衣服和化妆品，探索新城镇。

还有，正如这位心理学专家解释的那样，任何一个人的大脑容量都是有限的。熟悉一个全新的社会和学校环境，应对生理和情感的变化，适应周围的环境——这一切都需要消耗大脑的能量，而他可能没有多余的精力去读一本新书，继续弹钢琴，或者参加那些曾经占据过自己大脑空间并带来快乐的活动。他们或许正沉浸在*自己的*故事中而无法再去关注别人的故事。

如果青春期的孩子突然间对阅读不再感兴趣，我们的建议就是要有耐心，要尊重他的现状。如果一切看起来还比较正常的话，继续找寻一些你认为他可能会喜欢的书，给他或放在他的房间里。也许是一本即将要拍成电影的畅销书，电影由他喜欢的演员主演。也可以尝试一些可能激起他兴趣的新作品，如当下流行的神秘小说。但全然不要去想他是否在读这些书。毕竟，这是他自己的生活，他是那个书写自已故事的人。记住，他仍然住在一个书香之家，在这里，父母都是爱书之人。还要记住，他的阅读经历、陪伴他成长的图书以及他所体验的阅读文化——所有这些都是那个故事不可磨灭的部分，它们都不会消失。

正当你终于习惯了假装对此漠不关心的时候，孩子不读书的魔咒可能就此销声匿迹了。当玛丽亚的女儿打包准备去露营时，她抓起“哈利 · 波特”全集，说：“今年夏天我要把它们全都重读一遍。”不久后，她飞快地读完了《黑暗中的星光》，重新开启了她的阅读之旅。

寻找什么样的青少年文学作品

现实主义占主导

不同的文学潮流在青少年文学作品中不断涌现。在过去的几十年里，超自然小说一直占据着主导地位，现在仍然具有很大的影响力，但约翰 · 格林创作的关于两个癌症少年坠入爱河的畅销小说《无比美妙的痛苦》意味着现实主义小说同样兴盛不衰。这类书以现实主义手法处理生活中的各种挑战，并让读者自己解决问题，过去常常贴有“问题小说”的标签。请记住，尽管现实主义青少年文学中的许多人物面临的状况非常令人不安，但这些书的价值可能是巨大的。也许你的孩子或朋友正经历着类似的情形，学校里每个人都在对此窃窃私语，他们都可以从书中获得有用的见解和抚慰，或者仅仅是对青春期诸多艰难的挑战有一个简单的认识。

一个重要的奖项

尽管没有纽伯瑞奖或凯迪克奖那么有名气，迈克尔·L.普林兹奖也是由美国图书馆协会颁发的、专门授予青少年文学的奖项。不同于其他奖项，普林兹奖评奖范围并不仅限于美国作者创作的图书。获奖作品中包括梅格·罗索夫创作的唤起人们成长记忆的《有爱，有明天》（讲述的是一个美国女孩在伦敦遭遇了一场不知道敌人是谁的战争），以及保罗·巴奇加卢皮构思巧妙的后末日题材幻想小说《拆船工》。

青少年视觉图书

书店常常把充满浓郁艺术气息的大开本图书陈列出来，这是一种吸引青少年驻足翻看并沉浸其中的绝佳方式。一本来自亚洲或非洲的照片集，或一套关于涂鸦艺术家的丛书，可以让一个青少年眼界大开，也会让他以全新的视角思考外面的世界。

当你在寻找视觉类的图书时，要记住孩子的兴趣，不管是体育、摄影还是“二战”历史。对数字敏感的孩子可能会特别喜爱有许多信息图像、图表和地图的图书。好奇心强的孩子往往喜欢那种以大胆的、视觉化的方式展示科学事实的图书，比如兰道尔·门罗著的《那些古怪又让人忧心的问题》，此书吸引了众多青少年读者。

合适的时间，合适的书

大致说来，青少年文学面向的是12—18岁的孩子，但事实上并不能一概而论。每个人都知道，一个13岁的七年级学生和一个16岁的高一学生是完全不同的，虽然有些书对他们都很适合，但是另外一些书就不是那么回事了。你可以观察一下自己家里的青少年，大致就会知道什么书适合他了。此外，出版商通常会为图书贴上一些适合哪个年龄段阅读的标签，如果没有标签，你可以试着问一个有着广博专业知识的书商或图书管理员，查看或浏览零售商网站的信息或评论，你就会找到推荐阅读的年龄范围。

幻想之旅

喜欢幻想题材的中级读者会在青少年文学里找到内容更为复杂的作品，其中男女主人公常常是复杂而又引人入胜的角色，他们居住的世界更加错综复杂。幻想小说和科幻小说看起来单纯是为了消遣，但它们真正发挥的作用并不仅限于这一层面。有些孩子更喜欢和现实世界之外的角色打交道，成长中面对的问题往往在幻想的国度里得到解决。

用青少年的眼光看你的书架

如果你属于超级有条理的人，把图书按照作者姓名的字母顺序，或按照主题分类摆放，那么，恭喜你，你的这项任务已经完成了！但如果你和我们一样，属于不太有条理的人，那么就需要抽空整理一下自己的书架了。如果孩子能够轻而易举地从书架上找到一本适合自己的书，那么他可能就不会随意选择一本不适合自己的书。整理书架其实并不难，比如可以把小说放在一处，

纪实类作品放在另一处，可以为少于300页的书专门划出一个区域，另设一个书架放你认为孩子会特别喜欢的书。

特别留意某些书

把你的书架想象成你心目中最具吸引力的书店。把某些书封面朝外摆放，那样你的女儿或许就会被吸引住。如果她最近谈到动物权益或者想成为一名兽医，就把一摞关于动物的书放到咖啡桌上。如果你儿子最近提起社会活动，那么就将有关这个话题的图书展示出来。一切都是为了创造机会，无论是为了阅读还是为了愉快的交谈。

何时读，读什么？

尽管当今青少年文学市场充满了活力，但许多青少年（尤其快到初中或高中时）会厌倦那些以同龄人的世界为背景的图书。我们认为，除了青少年文学，有时候他们也可以了解一下成人题材的作品或逃避现实的读物。很多孩子都是自己摸索着开始看成人的图书，但有些孩子还是需要父母帮扶的。不妨指导孩子读一本对青少年有吸引力的成人图书，一本不可能在学校里阅读的书。这样的书数不胜数，但其中一类是他可能听说过的、同样适合青少年阅读的经典之作，比如《第二十二条军规》《银河系漫游指南》《八个梦》等。如果你自己很久没有读过这些书了，可以快速地通读一遍。

从题材入手

无论是约翰·格里森姆的法律小说，还是迪恩·孔茨的悬疑小说，这些都是孩子接触成人小说的一个很好的切入点。跟孩子聊聊，看看哪种题材最吸引他，并帮他找到相关的图书。此事一定要慎之又慎，你要先读读这些书，或者至少要查看一下网上的评论。

科幻小说开道

由伟大的艾萨克·阿西莫夫、儒勒·凡尔纳、赫伯特·乔治·威尔斯等作家创作的经典科幻小说，尤其吸引那些热衷于电子游戏、科学和技术的孩子。但是科幻小说并不仅限于科学主题，最佳科幻小说中那动人的文字、丰富的想象力和言辞犀利的社会评论，都值得青少年们去欣赏。所以，即便科学不是你孩子最喜欢的科目，也要考虑向他推荐这类图书，之后可以借机向他介绍此类题材的作家。

传记的益处

青少年时期的孩子会为自己的身份以及在世界上所处的地位而冥思苦索，因此他们完全可以去阅读一些回忆录、自传和传记。这些图书往往是动力源泉，同时也能鼓励孩子们好好审视自己，起到自救的作用：了解他人如何克服挑战并取得成功，

既能从中受益，又能获得慰藉。如果你的孩子对计算机感兴趣，可以建议他读《史蒂夫·乔布斯传》。体育和历史爱好者也有许多可看的图书。青少年喜欢阅读与他们相似的人的故事，因为那些人有着与自己相同的经历和感受，并了解自己所生活的环境；但同时他们也会喜欢与自己完全不同的人的故事，可以间接体验自己无法体验到的各种挑战。

漫画书和图像小说的持久吸引力

许多漫画艺术家的杰出作品都是为成年人创作的，但青少年也完全有能力来欣赏。阿尔特·斯皮格尔曼的《鼠族》和玛赞·莎塔碧的《我在伊朗长大》都是以成人读者为目标群体创作的，但已被许多中学纳入课堂。许多更优秀的图像小说和回忆录不是作为青少年文学出版的，但同样也会让孩子产生兴趣，比如艾莉森·贝克德尔的《欢乐之家》，戴维·斯莫尔的《缝不起来的童年》和《家庭变奏曲》，以及大卫·卡尔森和兰迪斯·布莱尔的《狩猎事故》。一个偏爱视觉阅读的小读者总会对图像小说表现出浓厚的兴趣，这种兴趣是他在阅读有着大量文字的图书时所不常有的。

你需要注意的事情

警惕拙劣的仿作

每一部巨著都会引发几十部（通常不那么引人入胜）的模仿作品，但一般情况下模仿作品从封面就能辨认出来。因此，如果它看起来像一部伟大的蓝波·罗威的小说——封面上使用了相同的字体或配色方案，甚至相似的主人公的照片，那么，在为孩子购买前，一定先查看一下有关此书的评论。

避免高高在上

或许你在青少年时期花了大量时间阅读一些没营养的成人图书，比如一些关于未经证实的“科学”的畅销书、刺激的冒险故事、浪漫小说……在这方面，孩子也应该拥有同样的机会。如果你的文学修养颇高，而且总想去评判孩子阅读的图书的“质量”，那么你一定要克制住自己。

为现实题材爱好者挑选的青春系列小说

《偷书贼》｜马克斯·苏萨克

***The Book Thief*, Markus Zusak**

这是一部感人至深的经典历史题材小说，一个生活在纳粹阴影下的女孩靠偷书默默抗击着现实的苦难。

《简·爱、狐狸与我》｜芬妮·布莉特著，伊莎贝尔·阿瑟诺绘

***Jane, the Fox & Me*, Fanny Britt, illustrated by Isabelle Arsenault**

一个被刻薄同学捉弄的孤独少女在读《简·爱》时感到无限慰藉，还与一只狐狸有了一次无声的心灵沟通。这本美丽的图像小说也说明了真正的友谊值得等待。这个简短的故事是为青少年而创作的，但有着历经沧桑的深沉基调。

《黑暗中的星光》｜安吉·托马斯

***The Hate U Give*, Angie Thomas**

这部名副其实的全球畅销作品是在呼吁“黑人的命也是命”运动浪潮下写就的。故事讲述者是一个黑人女孩，就读于白人学生居多的私立学校。在目睹手无寸铁的朋友被警察枪杀之后，她经过百般挣扎，终于站了出来，为朋友和自己的族裔伸张正义。它还被拍成电影了呢！

《我并未走远》｜梅格·罗索夫

***Picture Me Gone*, Meg Rosoff**

米拉有着这个年龄的孩子少有的敏感和洞察力。当父亲最好的朋友失踪后，她同父亲一起寻找背后的蛛丝马迹，险些错过真相。这个令人难忘的故事探讨了少年与成年人之间的复杂关系。

《威斯汀游戏》｜埃伦·拉斯金

***The Westing Game*, Ellen Raskin**

一个离群索居的百万富翁在遗嘱中指定了16个继承人，条件是他们必须解开一道难题。这个令人啼笑皆非、迷雾重重的现代经典故事，适合年龄稍大一点儿的青少年，但10岁左右的小孩也可以读懂。

《说谎的人》｜E. 洛克哈特

***We Were Liars*, E. Lockhart**

故事扑朔迷离、扣人心弦，讲述了一个名叫卡登丝的女孩和表兄妹们一起在祖父的岛上过暑假时发生的故事。在这个他们专属的领地里，怪事频出。相信我们，最后的结局会让你惊掉下巴。

为幻想文学爱好者挑选的青春系列小说

《格雷斯人》｜克里斯汀·卡肖尔

***Graceling*, Kristin Cashore**

在卡莎生活的世界里，被选中的人会获得一种被称为“格雷斯”的恩典，即能获得一种特殊天赋（诸如读心术、战斗力等）。卡莎拥有了强大的杀伤力。这部小说还讲述了一个令人怦然心动（但相对纯洁）的爱情故事。

《记忆传授人》｜洛伊丝·劳里

***The Giver*, Lois Lowry**

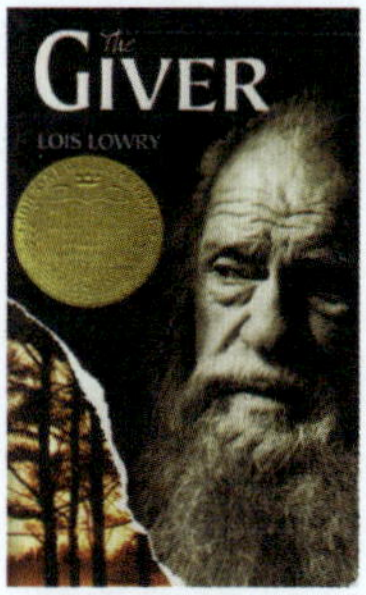

这部具有开创性的佳作获1994年纽伯瑞儿童文学金奖，探讨的是世界末日之后人类之间的关系，掀起了当前反乌托邦青少年文学的浪潮，被公认为此类题材的经典之作。

黑暗蔓延系列 | 苏珊·库珀

The Dark Is Rising series, Susan Cooper

11岁的威尔·斯坦顿发现自己变成了“先圣”族人中仅剩的一员。这部英国经典系列作品融合了亚瑟王传奇和凯尔特神话，首度发行便斩获多个奖项，实至名归。

《占卜者》 | 莉芭·布雷

The Diviners, Libba Bray

故事发生在“喧嚣的20年代”，一个拥有超自然神秘力量的少女被派往纽约。故事情节错综复杂，引人入胜。

《迷宫森林》 | 梅利莎·阿尔伯特

The Hazel Wood, Melissa Albert

艾丽丝17岁的时候，妈妈被掳进了一个神秘而奇幻的领地，而这个领地正是已故外婆写的一本小说的背景地。艾丽丝必须亲自踏进这个黑暗的童话世界去拯救母亲。这本引人入胜的处女作凭借其丝丝入扣的谜团和穿插其间的童话故事迅速荣登畅销书排行榜前列。

黑暗物质系列 | 菲利普·普尔曼

His Dark Materials series, Philip Pullman

在莱拉生活的世界里，每个人都有一个守护精灵——一个与其主人有着相似气质的生物。(哪个孩子不会为这个想法而动心呢?)这部复杂而优美的三部曲，始于《黄金罗盘》，立意新巧，激动人心又发人深省，是现代版的纳尼亚传奇。作品比大部分青少年畅销读物的阅读难度要高，但也更值得一读。

《血骨之子》 | 托米·阿德耶米

Children of Blood and Bone, Tomi Adeyemi

一部以西非文化为灵感的奇幻史诗，宗族之间恃强凌弱的恶行发展到了令人发指的地步。这一黑色反乌托邦系列的首部小说一经出版立即引起热议和轰动。书中情节如电影画面一般展开，不公、平等、歧视和反叛主题交织其中，意义深远。

灰烬余火系列 | 萨巴·塔希尔

An Ember in the Ashes series, Sabaa Tahir

一个孤儿，一个士兵，一次刀光剑影的冒险，各种政治阴谋，还带着一点儿浪漫情调和超自然色彩。这套影响广泛的系列小说以其精心刻画的人物和细节赢得广泛赞誉。

为青少年挑选的成人小说

以下图书几乎全部改编成了电影，适合跟家人一起观看、讨论。

《别让我走》｜石黑一雄

***Never Let Me Go*, Kazuo Ishiguro**

除了进行精细的现代演绎之外，还有什么方法能吸引反乌托邦题材的青少年粉丝呢？诺贝尔奖得主石黑一雄为读者描绘了一个纯粹为了制造器官而克隆人类的世界。

《可爱的骨头》｜艾丽斯·西伯德

***The Lovely Bones*, Alice Sebold**

故事以一个14岁女孩的口吻娓娓讲述。这本引起巨大轰动的畅销书受到各年龄段读者的欢迎，尤其书中对青春期的描写清晰生动，充满了智慧，更是俘获了那些聪明、敏感的青少年的心。

《1984》｜乔治·奥威尔

***1984*, George Orwell**

作为现代反乌托邦故事的先驱，这个经典的政治寓言故事以其黑暗的故事背景和注定的爱情悲剧吸引着青少年群体。

《第二十二条军规》｜约瑟夫·海勒

***Catch-22*, Joseph Heller**

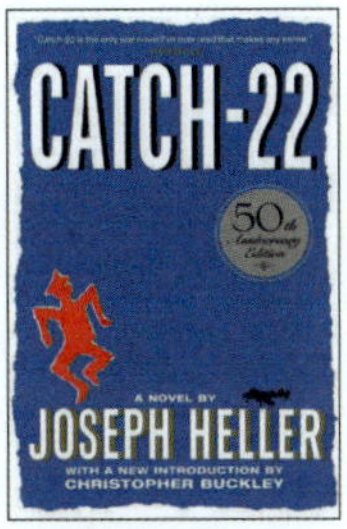

海勒的这部经典作品是一部反战小说。书中轰炸手约塞连总是担心自己被杀死，然而这却是战争时期的常态。故事残酷可怕又令人捧腹，读一遍就会给人留下深刻的印象。

《公主新娘》｜威廉姆·高德曼

***The Princess Bride*, William Goldman**

这部电影十分精彩，小说亦是如此，甚至有人认为小说更加出色。原因显而易见：巨人、公主、海盗、剑术等元素汇集其中 —— 孩子们见了一定会从书架上取下来，还会大声读给你听。

《安德的游戏》｜奥森·斯科特·卡德

***Ender's Game*, Orson Scott Card**

这是一部以太空为背景的军事科幻冒险小说，也是一部成人题材的小说，但或许会更受青少年们的喜爱。几个亲密的兄弟姐妹，一队精英玩家，一场星际战争与一个阴谋交织在一起。

《喜福会》 | 谭恩美

***The Joy Luck Club*, Amy Tan**

这部影响广泛的跨代史诗畅销书，讲述的是四位中国母亲和她们的华裔美国女儿之间的纠葛，探讨了母女关系这一永恒而普遍的主题，深入而风趣地描述了中国和移民文化的方方面面。

《末日逼近》 | 斯蒂芬·金

***The Stand*, Stephen King**

在金的众多小说里，哪一本最适合青少年入门阅读呢？或许这本双方拼个你死我活的灾难经典之作《末日逼近》与青春期少年的敏感心思恰巧契合。

为青少年挑选的成人非虚构作品

《我知道笼中鸟为何歌唱》 | 玛雅·安吉洛

***I Know Why the Caged Bird Sings*, Maya Angelou**

这是一部回忆录，记录的是一个在南方小镇长大的非裔美国人所经历的种族偏见和受到的骇人虐待。然而在她充满令人痛心疾首的暴行的人生往事里，仍有温情和鼓舞存在。

《永生的海拉》 | 丽贝卡·斯克洛特

***The Immortal Life of Henrietta Lacks*, Rebecca Skloot**

一位非裔美国妇女的癌细胞引发了科学上的全新突破和认知，这个故事无论是在科学、历史方面的探讨，还是让人牵肠挂肚的动人情节，都吸引着广泛的读者。

《我在伊朗长大》 | 玛赞·莎塔碧

***Persepolis*, Marjane Satrapi**

这是一部漫画回忆录。伊朗革命时代，国王被推翻后世界在一夜之间崩溃，小主人公就是在这样的环境中长大成人的。这是一个充满了幽默和温情的故事，喜欢焦虑基调的青少年会爱上这部作品的（注意：主人公是个烟民）。

《错把妻子当帽子》| 奥利弗·萨克斯

***The Man Who Mistook His Wife for a Hat*, Oliver Sacks**

这是萨克斯最引人入胜的散文集之一，讲述的是著名神经科医生的患者被怪病缠身的故事。对悬疑、医学、离奇事件、脑科学，甚至雷普利的“信不信由你”博物馆感兴趣的人都适合看这本书，连9岁的孩子都会被书中的人类奥秘所打动。

《荒诞医学史：一部关于疾病治疗的最糟糕方法的简明历史》| 莉迪亚·康，内特·彼得森

***Quackery: A Brief History of the Worst Ways to Cure Everything*, Lydia Kang and Nate Pedersen**

这本让人又爱又恨的趣味科普读物，适合那些已经读过许多奇闻逸事、想要了解更多硬核知识的孩子。

《鼠族》| 阿尔特·斯皮格尔曼

***Maus*, Art Spiegelman**

犹太人是老鼠，德国人是猫。这本令人震撼的漫画书是一部大屠杀幸存者之子的回忆录。它的出版是图像小说发展的转折点，从此这一文学体裁开始备受赞誉。作品令人生畏、尖锐深刻、技艺精湛。

《那些古怪又让人忧心的问题》| 兰道尔·门罗

***What If: Serious Scientific Answers to Absurd Hypothetical Questions*, Randall Munroe**

无论是5岁、12岁还是33岁，任何年龄的人提出的任何看似无法回答的古怪问题，在这本书里都能找到答案，而且还经得住推敲。如果闪电在同一时刻击中地球上的每一处，结果会怎样？请到书中找答案吧。

《你当像鸟飞往你的山》| 塔拉·韦斯特弗

***Educated*, Tara Westover**

这部处女作回忆录出自生长于爱达荷州偏远山区的一位女性之手，在她的家庭里，学校教育、医疗保健以及任何与政府管理相关的东西都被禁止。这部令人心酸的成长史探讨了接受教育的意义。

《冷血》丨杜鲁门·卡波特

***In Cold Blood*, Truman Capote**

1959年的一天晚上，堪萨斯州某个农场里的四名家庭成员惨遭杀害，警方没有发现任何犯罪动机和线索。这个经典的真实犯罪故事在今天仍能牢牢抓住读者的心，还会使各种道德问题浮出水面，驱使青少年们去深入挖掘背后的真相。

第五部分

爱上更多书

按主题及阅读水平分类

无论孩子在成长过程中怎样变化，你对他的阅读喜好总是一清二楚。你知道他喜欢的是有趣的校园故事还是令人心碎的动物童话；你知道他是否正在寻找一本关于友谊的书，或者感觉他需要一本这样的书而他自己未必清楚；你也知道自己以及家人不断变化的阅读需求。当你马上就要有第二个宝宝的时候，你会寻找一些关于手足情深的书。有时候我们非常渴望能够找到恰好适合自己兴趣和年龄段的书，考虑到这一点，我们在第五部分挑选了适合各个年龄段阅读的图书，按不同题材、体裁、读者需求和主题分门别类，既有适合渴望交友的敏感男孩们的书，也有适合想要留住友谊的少女们的书，还有适合全家人一起朗读的好书和一起聆听的优秀有声书。

这些书一定是书中精品吗？不一定（尽管根据我们的判断，大多数都是）。以下列出的书目实际上出自我们高度个性化的、独特的选择，是我们和孩子们读过并珍爱的书，是我们的孩子在需要的时候正好遇到的书，是无意中带给我们教育意义的书，是我们小时候读过、现在依然畅销的书，是我们和孩子一起读过的，或作为书评编辑读过后爱不释手的书。跟前面提到的其他书目一样，我们强烈推荐这些书给各个年龄段和不同阅读水平的孩子们。

我们首先按主题将其分类，每一主题下又分出三个小类别——图画书、章节书/中级读物、青少年文学。章节书/中级读物包括了适合早期入门和独立阅读的图书。

让人开怀大笑的书

图画书

《腐烂岛》｜威廉·史塔克

***Rotten Island*, William Steig**

在这座险恶的海岛上，凶猛的野兽相互撕咬取乐，一朵意外出现的花却使它们饱受折磨。然而，这就是美的力量。

《顽固不化的钢笔》｜弗兰克·W.多默

***The Obstinate Pen*, Frank W. Dormer**

每一位作家或许都经历过无法将想法付诸文字的沮丧，尤其是在初学写作的时候。在这个滑稽荒诞的故事中，钢笔竟然有了自己的思想，但写出的都是充满恶作剧意味、不合时宜的句子。

《可恶的松鼠》｜亚当·鲁宾著，丹尼尔·萨尔米利绘

***Those Darn Squirrels!* Adam Rubin,illustrated by Daniel Salmieri**

一个麻秆腿老人和他心爱的小鸟，还有恐吓他们的松鼠，他们之间的故事有什么意义呢？没有！就是纯粹为了给你快乐。《机器人沙司》是这个作者的另一部获奖作品，讲了一个努力把自己变成机器人的孩子的故事，结尾处还有一个让小朋友们手舞足蹈的独特折页。

《我要把我的帽子找回来》｜乔恩·克拉森

***I Want My Hat Back*, Jon Klassen**

熊丢了帽子，海龟否认与此事有关。是谁在撒谎？这部匠心独运的作品诙谐、机智、有创意，为克拉森赢得了童书天才作家的美誉，并毫无悬念地摘取了凯迪克金奖。还有两本后续作品《这不是我的帽子》和《我们发现了一顶帽子》。

《小土豆好无聊》｜迈克尔·伊恩·布莱克著，黛比·里德帕思·大井绘

***I'm Bored*, Michael Ian Black, illustrated by Debbie Ridpath Ohi**

“好无聊”这句话相信每个家长都听得耳朵上生出了老茧。在这本书中，黑发少女百无聊赖时，一个会说话的土豆跑来跟她作对。故事由喜剧演员兼散文作家布莱克创作，插画师的配图同样迷人而滑稽，无疑是一剂化解无趣的良药。

《可怕小兔最搞怪》｜约翰·席斯卡，麦克·巴内特

***Battle Bunny*, Jon Scieszka and Mac Barnett**

对老一辈图画书读者来说，这是一部颠覆性的作品，原本振奋人心的兔子的故事，竟被两位当代童书天才篡改得面目全非，惊险而刺激，真乃妙笔生花之作。

《只有斯坦利》｜乔恩·阿吉

***It's Only Stanley*, Jon Agee**

温布尔登一家人晚上总被奇怪的声音吵醒，原来是家里的狗斯坦利在作怪。它究竟想干什么？孩子们读后会捧腹大笑。阿吉创作了许多精彩的图画书，当你想寻找一本精致而有趣的书时，选择他的作品是不会出错的。

《下雨的国王》｜弗雷德·格温

***The King Who Rained*, Fred Gwynne**

这是一本经典的图画书，将常见的表达通过字面意思分解成了一幅幅荒诞的图画，其中的误解和歧义会让孩子乐此不疲，放飞想象力。想象一下“爸爸说路上有岔口（叉子）”的画面吧。

《蜗牛和虫子》和《又是蜗牛和虫子》｜蒂娜·库格勒

***Snail & Worm* and *Snail &Worm Again*, Tina Kugler**

想象一下，库格勒把本就长相滑稽的蜗牛和虫子描绘得更加傻里傻气。故事长短适中，既可以当作图画书来读，也可以用作逗乐的早期读物。

《我可没想被写进这本书》｜朱莉·法拉特科著，提姆·米勒绘

***Snappsy the Alligator (Did Not Ask to Be in This Book!)*, Julie Falatko, illustrated by Tim Miller**

这是我们最喜欢的关于“元创作”的图画书之一，故事刻画了一个系着蝴蝶结、滑稽可笑的鳄鱼的形象。当你发现跟他讲话的人的身份后，一定会大吃一惊，继而笑个不停。

《读书吧，小旅鼠！》｜艾米·戴克曼著，扎克瑞·奥哈拉绘

***Read the Book, Lemmings!* Ame Dyckman and Zachariah OHora**

这个二人组合创作了许多有趣的作品，无论在视觉效果还是幽默手法上都别出心裁。这是一本关于一群小旅鼠在轮船上学习读书的故事。还可以看看两人搭档创作的《兔子家的狼宝宝》，是一本关于弟弟妹妹给家里带来骚乱的书。

《你可以帮我挠挠背吗?》｜乔里·约翰著，莉兹·克里莫绘

Can Somebody Please Scratch My Back? **Jory John, illustrated by Liz Climo**

有什么比挠不到痒更糟糕的事情吗？面对这位有些自私的大象遇到的小麻烦，一群倒霉的动物都束手无策。这是关于慷慨和感恩的一堂课，比其他故事更犀利、幽默。乔里·约翰创作、班吉·戴维斯绘图的《已经说过晚安了》《我本来就很喜欢你!》以及其他以鸭子和大熊为主人公的故事，同样值得推荐。

《偷内裤的贼》｜米夏埃尔·埃斯科菲耶著，克里斯·迪·贾科莫绘

Brief Thief**, Michael Escoffier,illustrated by Kris Di Giacomo**

这本趣味横生的图画书会让你笑个不停。一只蜥蜴内急，在户外找不到手纸，情急之下便用了挂在树上的一条内裤，为此他一直良心不安，欢闹的故事就此开始了。作者和绘者搭档创作的其他书也不错。

《有人放了屁》｜布鲁斯·艾瑞克·卡普兰

Someone Farted**, Bruce Eric Kaplan**

书名本身就说明了一切，但这个出现在汽车里的神秘的屁，让一家人先是口角不断，而后又和好如初。作者不动声色的讲述口吻使故事更具幽默感，也不乏甜蜜、温暖。这位作者原是《纽约客》的漫画家，正迅速成为一名创作图画书的明星作者。

《一个完全被搞砸了的故事》｜帕特里克·麦克唐奈

A Perfectly Messed-Up Story**, Patrick McDonnell**

我们的主人公正准备讲一个精彩的故事，但却被别人搞砸了。蜡笔乱涂，果汁打翻，那是花生酱吗？当他不由得对骚扰他的东西大发雷霆时，令人心烦意乱又捧腹大笑的事情发生了。

《万幸的萨曼莎》｜琳达·阿什曼著，克里斯汀·达文尼尔绘

Samantha on a Roll**, Linda Ashman, illustrated by Christine Davenier**

这本迷人的图画书以诗歌的形式描述了一个女孩试穿新旱冰鞋的经历——她失去控制后冲下山去，惊险不断，险些丧命，让人跟着惊叫不已。

《迈克捡到一个词》｜吉姆·托宾著，戴夫·科夫里绘

***The Very Inappropriate Word*, Jim Tobin, illustrated by Dave Coverly**

作者将一个无聊说教的主题变得极具娱乐性。主角迈克喜欢收集词语，有一天，他无意中听到一个不适合挂在嘴边的词，写起来是一堆乱七八糟的符号。但愿现实生活中不会有这样的事情发生。

《我的宝宝是老板》｜玛拉·弗雷奇

***The Boss Baby*, Marla Frazee**

弗雷奇的这部经典作品远比改编的电影精彩得多。一个小宝宝就像是整个家的老板，希望员工对自己百依百顺。还有什么比这更幽默（更现实、更让人心酸）的呢？

《国王宝贝》｜凯特·毕顿

***King Baby*, Kate Beaton**

这是另外一个宝宝老板的欢乐故事。这个戴着王冠的可爱小冤家看起来更像是一枚鸡蛋。在大家用手机竞相拍下"国王"的"加冕"照片时，宝宝说："当国王真好。"

《别烦我！》｜维拉·布罗斯格

***Leave Me Alone!* Vera Brosgol**

布罗斯格一直为年龄稍大一些的孩子创作图像小说，这是她的第一本图画书。这个故事从连环画中汲取了一些灵感，成功讲述了一个十分久远的民间故事。

章节书/中级读物

《飞行员爷爷的空中逃亡》及其他｜大卫·威廉姆斯著，托尼·罗斯绘

***Grandpa's Great Escape* and others, David Walliams, illustrated by Tony Ross**

再小的孩子也能体会到这种嬉皮笑脸的、看似荒唐的英式幽默，这对搭档的畅销作品就证实了这一点。在这本书中，杰克一心想拯救自己喜爱的、患有糊涂症的爷爷。爷爷住在一家老人院，有时会认为自己仍然是"二战"时期的一名战斗机飞行员。大卫的书非常适合胆小的孩子和"小屁孩树屋历险记"的粉丝们。

小仓鼠汉弗莱系列｜贝蒂·G. 伯尼

***The World According to Humphrey series*, Betty G. Birney**

教室里有一只颇有主见的仓鼠和一群照

管它的孩子。故事以仓鼠汉弗莱的视角展开，作者伯尼从那些熟悉但又新鲜的场景中创作出的故事，给我们带来了无穷的乐趣。

小猪摇摆夫人系列 | 贝蒂·麦克唐纳

***The Mrs. Piggle-Wiggle series*, Betty MacDonald**

她住在一间上下颠倒的、闻起来像刚出炉的饼干的房子里，这位邻家夫人是解决问题的高手，但她的生活并不总是充满了乐趣和游戏。这个系列最早出版于20世纪50年代，现在的孩子们在欢笑的同时，或许会对那个年代孩子们的坏习惯感到惊奇。之后的新系列“小猪摇摆小姐”也颇为有趣，以小猪摇摆夫人的侄女为主人公，由安·M.马丁执笔，本·哈特克绘制插图。

《英雄指南》三部曲 | 克里斯托弗·希利著，托德·哈里斯绘

***The Hero's Guide trilogy*, Christopher Healy, illustrated by Todd Harris**

在这个改编后的冒险童话故事里，四个白马王子都被公主拒绝了，真是惺惺相惜！他们必须找到灰姑娘以及令王国变得混乱不堪的原因。

《侏儒怪的臀》《小红帽的真实故事》《杰克的真实故事》和《白雪公主的真实故事》 | 莉斯尔·舒特利夫

***Rump, Red, Jack,* and *Grump*, Liesl Shurtliff**

这些作品依旧改编自童话故事，不过童话里的角色变得笨手笨脚、脾气暴躁，还常常运气不佳。《侏儒怪的臀》取材于侏儒怪的故事，《小红帽的真实故事》取材于《小红帽》…… 这些非英雄角色都让人心生喜爱，因为他们最后都智胜了各式各样的坏蛋。

《半个魔法》 | 爱德华·伊格

***Half Magic*, Edward Eager**

四个表兄妹在暑假发现了一枚有魔法的硬币，但它有一个缺陷：它只能实现你许的半个愿望。这部写于20世纪50年代的佳作集幽默和冒险于一体。作者伊格随后还出版了一系列有关魔法的故事。

《一只獾的奇遇》 | A.L.肯尼迪

***Uncle Shawn and Bill and the Almost Entirely Unplanned Adventure*, A. L. Kennedy**

这是著名的成人小说作家肯尼迪为小读者创作的第一部作品，构思巧妙，幽默滑稽，让人开心。故事中，一只长相英俊的獾被一个可笑、愚蠢、卑鄙的人类家庭所捕获，而后又被解救。

查理和鼠弟系列 | 劳雷尔·斯奈德著，艾米莉·休斯绘

***The Charlie & Mouse books*, Laurel Snyder, illustrated by Emily Hughes**

查理和鼠弟是一对有趣的冤家兄弟。家庭中的谐趣幽默在书中展现得淋漓尽致。文字浅显易懂，插图温馨动人，点睛细节处处可见，比如在背景中几近崩溃的妈妈。

颠倒的魔法系列 | 莎拉·姆利诺夫斯基，劳伦·迈拉克尔，艾米莉·詹金斯

***The Upside-Down Magic series*, Sarah Mlynowski, Lauren Myracle, and Emily Jenkins**

会不会存在一个为会魔法的孩子创办的魔法学校呢？这套系列作品会带来非常愉快的阅读体验。一群形形色色的孩子学习如何与“靠不住”的魔法相处，故事看似与现实生活毫无共通之处，但当你读到他们努力克服变形成诸如半猫半龙时，你会发现这像极了现实生活中那些有着特殊需求的孩子每天要面对的挑战。

《我想变成猫》| 马特·黑格

***To Be a Cat*, Matt Haig**

一个叫巴尼的男孩醒来后变成了一只猫，这并不像听起来那般有趣。故事融幽默、冒险、温馨于一体，让你学到“你就是你，爱自己”这一人生真谛。

这是一个秘密系列 | 匿名的博世

***The Secret series*, Pseudonymous Bosch**

该系列小说以《书的名字是秘密》为首发故事，每个故事都有着一个神秘莫测的叙述者和一群能够破解谜团，同样也拥有秘密的孩子。有些孩子永远也看不够博世脑筋急转弯式的幽默。

《异世界童话之旅：格林警告》三部曲 | 克里斯·柯尔弗

***The Land of Stories books*, Chris Colfer**

这个广受欢迎的系列小说由多才多艺（同时也是演员）的柯尔弗创作，将现代社会的孩子带进我们熟悉的童话世界。故事趣味横生，跌宕起伏，时而还会有可怕的事情发生。

黑衣公主系列 | 香农·黑尔著，范雷韵绘

***The Princess in Black books*, Shannon Hale, illustrated by LeUyen Pham**

即使你对王子公主题材的书心存戒备，但木兰花公主不可思议的冒险经历，以及她变形后的黑衣女英雄的形象，会让你对“等待解救的少女”这一老掉牙的

人物印象来一个一百八十度的大转弯。

《松饼屋的异想世界》｜波莉·霍维斯

***Everything on a Waffle*, Polly Horvath**

小樱·史瓜普坚信在海上失踪的父母还活着，镇上的人找到她古怪的舅舅来照管她。他们经常去一家餐馆，那里的每道菜都是用华夫饼做成的。故事古怪、有趣，女主人公让人难以忘怀。

食堂大妈系列｜贾雷特·J.克罗索茨卡

***The Lunch Lady books*, Jarrett J. Krosoczka**

有没有想过，学校食堂大妈不做（难吃的）饭时都做什么吗？书中的这位大妈会帮人解决谜题，并伸张正义！这一系列漫画就像美味薯条一样令人上瘾。

乔伊·比萨系列｜杰克·甘托斯

***The Joey Pigza series*, Jack Gantos**

乔伊的多动症让他的每一天都变成了奇遇。面对无数次的挑战，他都以自己精灵古怪的幽默感一一应对。

《猫头鹰的叫声》｜卡尔·希尔森

***Hoot*, Carl Hiaasen**

作者希尔森以成人漫画小说而著称，但他写的童书同样精彩。在这本书中，一群濒危猫头鹰在一家煎饼店筑巢，一个男孩试图拯救这群不受欢迎的顾客。希尔森还写了其他一些相关故事，敬请期待。

《波普先生的企鹅》｜弗洛伦斯·阿特沃特，理查德·阿特沃特

***Mr. Popper's Penguins*, Florence and Richard Atwater**

一个总是憧憬着到极地探险的无聊油漆匠，无意中拥有了一群企鹅，他训练它们表演并带它们巡回演出。这是一部荒诞、幽默的经典之作。

《我们叫它粉灵豆》｜安德鲁·克莱门斯

***Frindle*, Andrew Clements**

为了烦扰自己的老师，一个调皮捣蛋鬼给笔发明了一个外号“粉灵豆”，并且很快传遍全国。词语爱好者和爱刨根问底的孩子会在其中获得无穷乐趣。

青少年文学

《选美皇后》｜莉芭·布雷

***Beauty Queens*, Libba Bray**

“青少年梦想选美大赛”的参赛者因飞

机失事被困于荒岛，你难道不想知道接下来发生什么了吗？布雷的《逐渐牛化》也同样值得推荐。

《蚱蜢丛林》 | 安德鲁·史密斯

***Grasshopper Jungle*, Andrew Smith**

如果库尔特·冯内古特为青少年写小说的话，一定与史密斯的作品类似。世界末日后，巨型昆虫肆虐，故事想象力张扬，让人疯狂。

《无所事事》 | 安妮·拜罗斯

***Nothing*, Annie Barrows**

两个闲极无聊的高中二年级学生决定记下这一年中所发生的一切，以此来证明生活的无趣，然而结果却出乎意料。故事中充溢着淘气和幽默感。

让人潸然泪下的书

图画书

《再见，古纳什小兔》 | 莫·威廉斯

***Knuffle Bunny Free*, Mo Willems**

《再见，古纳什小兔》三部曲中最后一部尤为感人，小翠西长大了，自愿让出了自己心爱之物。对翠西来说这是一个大挑战，对大多数的父母来说也是如此。

《花婆婆》 | 芭芭拉·库尼

***Miss Rumphius*, Barbara Cooney**

小爱丽丝许诺要让世界变得更加美丽，心中埋下了愿望的种子。在她迟暮之年，种子终于开花结果。看到她梦想实现，你会感动得泪流满面。

《泰迪熊多多人间奇遇记》 | 汤米·温格尔

***Otto: The Autobiography of a Teddy Bear*, Tomi Ungerer**

泰迪熊多多是男孩大卫的生日礼物，战争开始后，大卫被带走了，泰迪熊多多开始了漂泊之旅。他被很多人爱过，也被很多人丢弃，最终被摆在了古董店的橱窗里。多年以后，白发苍苍的大卫认出了橱窗里的多多，他们终于得以相聚。

《驴小弟变石头》 | 威廉·史塔克

***Sylvester and the Magic Pebble*, William Steig**

驴小弟突然被一块魔法石变成了石头，他的父母因失去孩子而伤心欲绝。这个

关于爱和坚韧的故事荣获凯迪克金奖，实至名归。故事会让孩子们深深陶醉，但父母的心绪会久久难以平复。

《妈妈不见了》｜丽贝卡·科布

***Missing Mommy*, Rebecca Cobb**

孩子该如何应对至亲的离世？这本书是该题材中最深刻、最感人的作品之一。故事着眼于小女孩与父亲之间真诚的对话，简单而有力的语言会让孩子产生强烈的认同感。

《爱》｜马特·德拉培尼亚著，洛伦·朗绘

***Love*, Matt de la Pena, illustrated by Loren Long**

这是一首充满诗意的爱的颂歌——其中既有爱的艰辛也有爱的喜悦。它会让孩子们感到慰藉，让父母为之动容。

《妈妈的夜莺》｜爱德薇芝·丹蒂凯特著，莱斯利·斯塔布绘

***Mama's Nightingale*, Edwidge Danticat, illustrated by Leslie Staub**

丹蒂凯特为成年人写的许多书都广受好评，她的这本图画书处女作也感人肺腑：小女孩十分想念被移民局拘留的妈妈，天天听妈妈从监狱里送给她的海地民间传说的磁带，从中获得安慰。

《给爸爸的船》｜杰西卡·巴格利

***Boats for Papa*, Jessixa Bagley**

一只年幼的河狸为已经不在了的爸爸制作了许多小帆船并放进海里。这个关于如何面对亲人离去的故事情感细腻而敏感，爸爸离去的原因在故事中并未说明。

《瓶子里的心》｜奥利弗·杰夫斯

***The Heart and the Bottle*, Oliver Jeffers**

小女孩失去了一个对她来说至关重要的人，为了保护自己的心，她把它藏进了瓶子里……直到有一天她发现生活还要继续。杰夫斯的画笔为这个关于追思哀悼和继续前行的故事增添了神秘而迷人的艺术色彩。

《狮子与小鸟》｜玛丽安·杜布克

***The Lion and the Bird*, Marianne Dubuc**

在这个美丽而伤感的故事中，一只孤独的狮子救下一只受伤的小鸟，悉心照料中感受到了相互陪伴的温暖。当鸟儿康复回归鸟群时，他们在相互道别中又学到了友谊的另一课。

章节书/中级读物

《奇迹男孩》 | R.J.帕拉西奥

***Wonder*, R. J. Palacio**

这是一个面部畸形的男孩在一所普通学校上学的故事。我敢保证，这部优秀的处女作既让你心碎，又能够带给你温暖和治愈。另外，据它改编的电影也非常成功，但是看电影之前，一定让孩子先去看这本书！

《比克斯比老师的最后一天》 | 约翰·大卫·安德森

***Ms. Bixby's Last Day*, John David Anderson**

小说的主人公是三个问题男孩，他们为身患癌症的老师举办了一次特殊的野餐，而这位非凡的老师或许再也回不到他们的教室了。书中男孩们的情感世界令人动容。

《小狐狸派克斯》 | 莎拉·潘尼培克

***Pax*, Sara Pennypacker**

小男孩在母亲去世后收养了一只孤苦伶仃的狐狸做宠物，当父亲被征召入伍时，他被迫将狐狸放归野外。小说的视角在狐狸和男孩之间交替转换，彰显了人与动物之间的动人情感，恰巧也影射了战争的惨绝人寰。

《仙境之桥》 | 凯瑟琳·佩特森

***Bridge to Terabithia*, Katherine Paterson**

这部经典作品讲述了一对好朋友——一个男孩和一个女孩——常常逃离日常生活，进入他们自己虚构的世界之中。故事结尾处让人落泪。

《友谊伴我行》 | 保罗·格里芬

***When Friendship Followed Me Home*, Paul Griffin**

在这个关于信任的故事里，一只被收养的狗和一个每天躲在图书馆里寻求安慰的寄养儿童之间结成了牢不可破的纽带。完美的幸福结局会让你潸然泪下。

《红色羊齿草的故乡》 | 威尔逊·罗尔斯

***Where the Red Fern Grows*, Wilson Rawls**

这个奥沙克山区小男孩和两只猎犬的故事之所以感动了一代又一代的动物爱好者，是因为它像夏日夜空中的繁星一样美丽而忧伤。

《深夜日记》 | 维拉·希兰达尼

***The Night Diary*, Veera Hiranandani**

12岁的妮莎跟随家人被迫搬迁到新的地方，她心中充满了困惑，于是开始在深夜时写日记，向死去的妈妈倾诉。全书以妮莎的视角描述这场充满艰险的旅程，当不幸降临时，该如何面对失去并重拾希望呢？故事中流淌的亲情、友情及对美好生活的渴望，都感人至深。

《爱德华的奇妙之旅》｜凯特·迪卡米洛

***The Miraculous Journey of Edward Tulane*, Kate DiCamillo**

这是一个迷人的童话故事。一只虚荣而自私的瓷兔子爱德华从游轮上掉下去，开始了一段段奇妙旅程，在这个过程中，它慢慢学会了爱别人。爱德华在坎坷的旅程中几易其主，结局令人唏嘘不已。

青少年文学

《无比美妙的痛苦》｜约翰·格林

***The Fault in Our Stars*, John Green**

这是关于两个年轻癌症患者之间令人难以置信的伤感爱情故事。作者将青少年的爱恋展示得如此感人而深刻。它的美好会使青少年和成年人都为之深深感动、心碎。这本书是许多孩子成年道路上的必读书目。

《说出来》｜劳丽·哈尔斯·安德森

***Speak*, Laurie Halse Anderson**

这本书是青春系列小说中直面强暴话题的开拓性力作。梅琳达鼓起勇气说出了一次学校派对中遭遇暴力的经过，最终克服了长久以来的抑郁和孤立感。图像小说版本同样出色。

《美国之吻》｜玛高·拉布

***Kissing in America*, Margo Rabb**

这本细腻的小说主要聚焦于人们对初恋的痴迷和漫漫追爱长路，同时也巧妙地呈现了失去至亲的悲伤和痛苦所带来的麻木情绪。

《花园中的麻雀》｜茹玛·高登

***An Episode of Sparrows*, Rumer Godden**

故事发生在“二战”期间被炸毁的伦敦，那里有一个隐藏的花园，一群住在周围的孩子，还有一个痛苦的老妇人——她正为是否向一个处于困境中的孤儿打开心扉而左右为难。故事简短，但感人至深。

《巧克力战争》｜罗伯特·科米尔

***The Chocolate War*, Robert Cormier**

这部作品讲述了一位少年在校园生活中

被排斥、被孤立的经历，像显微镜一样将一所学校里日常的险恶行径展露无遗。你会被深深打动，也会陷入深思。科米尔的《我是奶酪》也是同样风格的作品。

《把我拼在一起》｜蕾妮·沃森

***Piecing Me Together*, Renee Watson**

在这部感人至深的小说中，一个贫穷的非裔美国女孩在一所私立精英学校里，尝试着平衡自己所处的两个世界。但当她被迫参加一个辅导项目时，她最终因厌倦了被视为一个需要“帮助”的角色而奋起反击。

《偷渡》｜欧因·科弗，安德鲁·唐金，乔瓦尼·里加诺

***Illegal*, Eoin Colfer, Andrew Donkin, and Giovanni Rigano**

这是一部充满了悲剧和英雄主义色彩的图像小说，讲述了一个非洲孤儿穿越沙漠和海洋到达欧洲安全地带的艰险历程。它与畅销图像小说“阿特米斯系列”出自同一经验丰富的创作团队。

《一起走过生命最后一天》｜亚当·西尔韦拉

***They Both Die at the End*, Adam Silvera**

在这部激动人心的未来幻想故事里，你能够看到人们与死神做着各种各样的搏斗。在那个世界里，你会在生命的最后一天被告知自己只有一天可活。两个朋友在他们生命的最后一天里通过一个应用程序走到一起，他们分享各自的经历，并结伴进行了最后一次冒险。

《陪安娜穿过漫漫长夜》｜加瑞尔·萨维

***Anna and the Swallow Man*, Gavriel Savit**

第二次世界大战期间，7岁的波兰女孩在父亲被德国人带走之后变得无依无靠，一个被她称为“燕子男”的神秘人带她藏身于原野之中。故事中弥漫着神话和魔幻色彩以及人性的光辉。

《濒危动物》｜艾略特·施勒费尔

***Endangered*, Eliot Schrefer**

非洲，当一场动乱来临时，小女孩必须救出保护区里的那群倭黑猩猩。这个惊心动魄的故事探讨的是关爱、生存和人类对动物的亏欠的主题。

温暖人心的书

图画书

《梦想家》 | 尤伊·莫拉莱斯

Dreamers, Yuyi Morales

莫拉莱斯与她襁褓中的儿子一起从墨西哥移民到了美国，融入当地文化的过程充满了坎坷，但是他们最终在图书馆里与童书结缘，创造了奇迹，被大家所接纳。作者运用了数百本经典图画书的微小复制品，以拼贴的艺术形式展现了极为丰富、细腻的画面。

《波波是我的！》 | 艾琳·罗森塔尔著，马克·罗森塔尔绘

I Must Have Bobo! Eileen Rosenthal,illustrated by Marc Rosenthal

猫伯爵总是抢小男孩心爱的玩具猴子，他没有任何恶意，只是控制不住自己。这是一首歌颂我们心爱之物的赞美诗，画面简约而迷人，结局美满。后续两册同样出色。

《路边花》 | 乔纳诺·罗森著，西德尼·史密斯绘

Sidewalk Flowers, JonArno Lawson, illustrated by Sydney Smith

这本富有诗意的无字书讲的是一个小女孩和心烦意乱的父亲在回家路上一起采花的故事。世间的真善美随处可见，当你意识到这一点时会会心一笑。插画家史密斯似乎拥有一种让人开心的魔力。

《风暴鲸》 | 班吉·戴维斯

The Storm Whale, Benji Davies

一个名叫诺伊的小男孩跟打鱼的父亲独自生活。诺伊发现一条搁浅的小鲸鱼后把它带回了家中。这个简单而迷人的故事讲述了孤独、人与人的关系以及如何与我们所爱的人沟通的主题。后续作品《冬天里的风暴鲸》同样迷人。

《你也有皇冠：理发颂歌》 | 德里克·巴恩斯著，戈登·C. 詹姆斯绘

Crown: An Ode to the Fresh Cut, Derrick Barnes, illustrated by Gordon C. James

一个非裔美国男孩的一次日常理发经历被谱写成了一首赞美举止得体和自信的颂歌，充满了兴高采烈的爵士气氛。这部处女作赢得了一系列的大奖。

奥蒂斯系列 | 洛伦·朗

***The Otis books*, Loren Long**

尽管奥蒂斯只是一台生活在动物农场里的拖拉机，但它的故事中却涌动着一股神秘的动人情感，娓娓诉说着友谊和合作的主题。这是一部色彩浓郁、感染力极强的艺术作品。

《最好的陪伴》 | 科里·德尔费尔德

***The Rabbit Listened*, Cori Doerrfeld**

一个孩子精心搭建的积木被撞倒了，小动物们纷纷前来安慰，向他提出各自的建议，但都不奏效。兔子也来了，它只是坐在那里静静聆听，直到孩子自己想出了最好的办法。

《生活方程式》 | 艾米·克劳斯·罗森塔尔著，简·科雷斯绘

***This Plus That: Life's Little Equations*, Amy Krouse Rosenthal, illustrated by Jen Corace**

这个简单的故事只是罗森塔尔众多精彩故事中的一个，它看似与数学有关，实际上却关乎生活的本质，如“家务÷每个人=家庭”“好日子+坏日子=现实生活”。

《派是用来分享的》 | 斯蒂芬妮·欧斯利·勒迪亚德著，陈振盼绘

***Pie Is for Sharing*, Stephanie Parsley Ledyard, illustrated by Jason Chin**

一年一度的国庆野餐快结束时，大家分享起一道夏日甜点。这是一个关于分享的简单故事，也是一个关于多元文化、团结、包容精神的故事。

《我的泰迪熊去哪儿了?》 | 杰兹·阿波罗

***Where's My Teddy?* Jez Alborough**

“埃迪去找他的泰迪。泰迪的名字叫弗莱迪。”一个男孩和一只熊在大森林里丢失了各自的泰迪熊。在最初可怕的遭遇之后，他们找到了各自的泰迪熊，还结下了一段新的友谊。这本书还有两个可爱的衍生故事《就是这只熊!》和《我的熊朋友》。故事的主人公长大后，仍然保留着各自的泰迪熊。

章节书/中级读物

《平妮的夏天》和《平妮的冬天》 | 乔安妮·施瓦兹著，伊莎贝尔·马林芬特绘

***Pinny in Summer* and *Pinny in Fall*, Joanne Schwartz, illustrated by Isabelle Malenfant**

这两个简短却迷人的故事兼具图画书和章节书的特点。故事中的主人公是一个生活在海边、充满幻想而又独立的小女

孩。虽是当代作品，却有着一种穿越时空的永恒感。

《我的幸福生活》| 罗丝·拉格兰茨著，爱娃·艾瑞克松绘

***My Happy Life*, Rose Lagercrantz, illustrated by Eva Eriksson**

在这个鼓舞人心的美丽故事中，一个失去母亲的小女孩积极乐观地开始了学前班的生活。到目前为止，作者已经出版了五部同样可爱的后续作品。

《141号街的范德比克斯一家》| 卡丽娜·严·格拉泽

***The Vanderbeekers of 141st Street*, Karina Yan Glaser**

一个有四个孩子的混血家庭住在一套老公寓里，社区生活温暖、有趣，居民个性十足，让你禁不住想与他们为邻。它的续集《范德比克斯一家和隐秘花园》也值得一读。

《海上的神秘姐妹》| 林恩·雷·珀金斯

***Secret Sisters of the Salty Sea*, Lynne Rae Perkins**

这是一部关于夏日时光的上乘之作：住在中西部的姐妹俩平生第一次到海边度假，在这为期一周的假期里，她们在欣赏大自然的美丽和壮观的同时也学会了相互欣赏。

《汤姆的午夜花园》| 菲利帕·皮尔斯

***Tom's Midnight Garden*, Philippa Pearce**

这部20世纪50年代的作品讲述的是一个男孩在祖父的钟表里发现时空穿梭机的故事，人物形象丰满，情节引人入胜。由伊迪丝绘制的图像小说版本，画面精彩，使这个奇幻故事以一种全然不同的面貌重新示人。

《弗朗西斯·保利的心灵》| 阿普里尔·史蒂文斯

***The Heart and Mind of Frances Pauley*, April Stevens**

11岁的弗朗西斯是一个古怪的女孩，自称为“废物僧”，还把自己的房间装饰得像个自然博物馆。在她喜欢的巴士司机去世后，她变得更加孤独。但后来她慢慢结交了一个新朋友并开始亲近自己的姐姐。对所有感觉与别人格格不入的人来说，这是一个美好又励志的故事。

《交叉运球》| 夸梅·亚历山大

***The Crossover*, Kwame Alexander**

这部振奋人心的诗歌小说曾多次获奖，堪称一部语言杰作。它讲述了一个令人

难忘的故事：一对身为高中篮球队明星的双胞胎兄弟不再形影不离，他们在保持原有紧密关系的同时，尝试找寻各自的路。

《荒岛机器人》｜彼得·布朗

***The Wild Robot*, Peter Brown**

如果一个智能机器人从船上掉入海中，被困在一个只有动物居住的荒岛上，那会发生什么？这部畅销小说及其续集《机器人的逃跑计划》以不同寻常的视角及环保的意识，对自然和科技进行了一番探索。

《对岸的火光》｜劳伦·沃尔克

***Beyond the Bright Sea*, Lauren Wolk**

这个生动的故事讲述了一个孤儿和她善良的养父寻找过往、解开身份之谜的历程，揭示了家庭的真正意义。故事悬念丛生，寓意深刻，能够引起人们的情感共鸣。

《傻狗温迪克》｜凯特·迪卡米洛

***Because of Winn-Dixie*, Kate DiCamillo**

这是一个关于相互拯救的精彩故事：一个小女孩在接受母亲离家出走的同时，尝试着结交新朋友。她在一家杂货店里发现了一只狗，之后，随着在小镇上结识越来越多的新朋友，她的生活发生了巨大改变。

青少年文学

《尼克与诺拉的无限播放列表》｜蕾切尔·科恩，大卫·利维坦

***Nick and Norah's Infinite Playlist*, Rachel Cohn and David Levithan**

这是一个因音乐结缘的爱情故事：男女主人公刚从各自的心碎过往中恢复过来，在一个合作播放乐曲的漫长夜晚里坠入爱河。

《当天使坠落人间》｜大卫·阿尔蒙德

***Skellig*, David Almond**

这部感人至深的作品曾获普林兹奖。一个名叫迈克尔的少年在自家的车库里发现了一个难以对付的奇怪生物，同时也被日渐浓重的谜团所吸引：这个生物会是天使吗？

《地球、我的屁股还有其他又大又圆的东西》和《宇宙和我在膨胀》｜卡罗琳·麦克勒

***The Earth, My Butt, and Other Big Round Things* and *The Universe Is Expanding and So Am I*, Carolyn**

Mackler

你会欣慰地看到在这两部小说中，有趣而可爱的女主人公开始接受自己超大号的身材，不再说言不由衷的话，并在她所生活的、时而会变得乌烟瘴气的纽约上流社会中找到了正确的人生目标，你会为她的变化而拍手叫好。

《太阳也是星星》｜尼古拉·尹

***The Sun Is Also a Star*, Nicola Yoon**

这个一天当中发生的爱情故事让人备感振奋。热爱科学的牙买加女孩因为证件问题即将被驱逐出境，她在过马路时与一个韩裔美国男孩相遇，两人一见倾心，坠入爱河，但他们不知该何去何从。

家庭故事

图画书

《路易被吃掉的那天》｜约翰·法德尔

***The Day Louis Got Eaten*, John Fardell**

小男孩路易被怪兽吃掉了，他的姐姐骑着自行车紧追不舍。姐弟俩携手共进而不是互相为敌的故事让人耳目一新。单是那些怪兽的名字，就会让孩子们咯咯地笑个不停。

《嗨！嗨！》｜马修·科德尔

***Hello! Hello!* Matthew Cordell**

在家人都沉溺于屏幕里的各种消遣时，小姑娘试着在大自然中寻找乐趣，无拘无束地发挥创意。这个故事让我们重新发现家庭成员彼此关注、相互倾听的重要性。

《全家一起造房子》｜乔纳森·比恩

***Building Our House*, Jonathan Bean**

这是20世纪70年代的农场主一家人白手起家自建房子的真实故事。全家人一起动手，一起品尝辛勤劳动的果实。房屋建造的每一步都让孩子们惊奇不已。同样，比恩的《这是我的家，我的学校》是关于居家教育主题的图书中有趣的一本。

《绳子的故事》｜杰奎琳·伍德森著，詹姆斯·兰瑟姆绘

***This Is the Rope*, Jacqueline Woodson, illustrated by James Ransome**

屡获大奖的作家伍德森以1916—1970年非裔美国人大迁徙为背景，巧妙地将一个日常物件作为代代相传的家庭纽带，编织出了这个充满温情的故事。

《七个贪吃小宝贝》｜玛丽·安·霍伯曼著，马拉·弗雷齐绘

***The Seven Silly Eaters*, Mary Ann Hoberman, illustrated by Marla Frazee**

霍伯曼的完美韵脚与弗雷齐的非凡插图相映成趣，将一个不断添丁的大家庭里挑剔的小食客们刻画得淋漓尽致。书中角色很多，文字和画面细节值得反复欣赏。

《亚历山大和倒霉、烦人、一点都不好、糟糕透顶的一天》｜朱迪思·维奥斯特

***Alexander and the Terrible,Horrible, No Good, Very Bad Day*, Judith Viorst**

这个故事围绕着亚历山大、他的两个烦人的哥哥及多数时候无法理解他的父母展开，讲述了孩子成长过程中以及和家人相处中所经历的日常小难题。之后出版的其他三本关于亚历山大的故事书同样幽默风趣，能够引起孩子们的共鸣。

《格林爷爷的花园》｜莱恩·史密斯

***Grandpa Green*, Lane Smith**

这是一首两代人之间情感的赞美诗，动人但不伤感。太爷爷的真实过往和虚幻的记忆仅仅是插图的一部分，除此之外，还有充满惊人细节的室外绿色园艺图，这些一定会让小读者们目不暇接的。

《奶奶的红披风》｜萝伦·卡斯提罗

***Nana in the City*, Lauren Castillo**

向那些带你看演出、带你坐出租车、逗你笑、让你对新事物不再恐惧的奶奶们致敬。本书是荣获凯迪克荣誉奖的作品，温暖而精彩。

塞尔达和艾薇系列｜劳拉·麦基·克瓦斯诺夫斯基

***Zelda and Ivy*, Laura McGee Kvasnovsky**

在六本系列故事中，这对热爱冒险、情投意合的狐狸姐妹有时也会闹矛盾，她们以出人意料同时又好玩有趣的方式调节着姐妹之间的关系。

《世界的婴儿朱利叶斯》｜凯文·亨克斯

***Julius, the Baby of the World*, Kevin Henkes**

为什么大家都那么喜欢莉莉刚出生的小弟弟呢？毕竟，“如果他是一个数字的话，那就是零”。亨克斯以儿童心理学家和艺术家的敏锐感知，捕捉到了兄弟

姐妹之间的竞争。孩子们会因为感同身受而微笑、叹气或开怀大笑。

章节书/中级读物

《秘密花园》｜弗朗西斯·霍奇森·伯内特

***The Secret Garden*, Frances Hodgson Burnett**

这部出版于1911年的经典作品，背景设置在20世纪初，讲述的是一个性格乖戾、不受人喜爱的小女孩和藏在阁楼里被当作病人对待的表弟的成长故事。他们最终都以不同的方式得到了救赎，同时这个家庭也重新焕发了活力。

《小妇人》｜路易莎·梅·奥尔柯特

***Little Women*, Louisa May Alcott**

还有什么样的家庭故事能比这对生活在新英格兰的父母以及四个女儿的故事更美好呢?

与众不同的一家人系列 ｜西德尼·泰勒

***All-of-a-Kind Family*, Sydney Taylor**

这个系列的作品讲述了20世纪初居住在曼哈顿下东区的一个犹太大家庭的故事。他们并不富有，但拥有传统和亲情带给他们的财富。

潘德威克一家系列｜珍妮·伯索尔

***The Penderwicks*, Jeanne Birdsall**

本系列作品围绕一个有六个兄弟姐妹的大家庭展开叙述。虽然这是一个由血缘、收养、再婚而组合的家庭，但孩子之间感情深厚，情同手足。任何有关大家庭的故事总免不了要陷入俗套，但这个系列的故事却透露出一种现代感。

玲玲和婷婷系列｜林珮思

***Ling & Ting*, Grace Lin**

该系列讲述了一对活泼可爱的双胞胎姐妹的故事，配以林珮思的可爱插图，生动有趣地再现了双胞胎在一起时的摩擦与欢乐。图书适合6—9岁的儿童阅读。

《神奇的一年》｜凯文·汉克斯

***The Year of Billy Miller*, Kevin Henkes**

让我们追随二年级的比利，看看他在这一年里是如何面对学校生活和友谊的挑战的。尽管故事主要以家庭生活为背景，但也为更小一点儿的男孩读者描绘了一个罕见但真实的学校场景。

《疯狂的夏天》｜丽塔·威廉姆斯-加西亚

***One Crazy Summer*, Rita Williams-Garcia**

这个真实而有趣的故事发生在1968年，

三姐妹从布鲁克林前往加利福尼亚的奥克兰，去见为加入黑豹队而离开她们的母亲。这本书获得了科雷塔·斯科特·金奖和其他荣誉。两部后续作品《永远11岁》和《亚拉巴马的疯狂之旅》保持了第一本惯有的幽默感和生动的时代细节。

《明天会有好运气》 | 辛西娅·角畑

***The Thing About Luck*, Cynthia Kadohata**

日裔美国女孩萨默12岁那年险些因疟疾丧命。收获季节到来了，尽管害怕蚊虫叮咬，她仍然还要跟家人在田地里劳作，而爸爸妈妈因为曾祖父母病重而回到日本……故事引人入胜，催人向上。

《奶油夹心派的真相》 | 凯特·伊

***The Truth About Twinkie Pie*, Kat Yeh**

迥然不同的姐妹二人，从南卡罗来纳州的拖车停车场搬家到长岛北岸，文化冲击持续不断。小说情感丰富，身为中学生的两姐妹，人物形象真实、可爱。

青少年文学

《我不是你完美的墨西哥女儿》 | 埃里卡·L. 桑切斯

***I Am Not Your Perfect Mexican Daughter*, Erika L. Sánchez**

怎样才算是完全尽到了对父母的义务，尤其是对那些做出了巨大牺牲的移民父母？在这部感人至深的小说中，一个女孩试图摆脱不幸过世的“完美”姐姐的阴影，在亲情的陪伴中找寻自己的人生航向。

《长路漫漫》 | 杰森·雷诺兹

***Long Way Down*, Jason Reynolds**

15岁的威尔生活在一个治安混乱的社区，当心爱的哥哥惨遭杀害时，他必须要在复仇与否的两难中做出抉择。这部诗体小说会先激起你的勇气，而后打动你的心。

《黑鸽白鸦》 | 伊丽莎白·韦恩

***Black Dove White Raven*, Elizabeth Wein**

两个好朋友，一个是黑人，一个是白人，她们都是第二次世界大战中的女飞行员。在各自的伴侣离世后，她们一起将孩子们养大。这是一个险象环生的飞行故事，一部难以置信的历史小说，同时又是一个振奋人心的家庭故事，一个不是由血缘而是由爱和奉献维系的家庭的故事。

伟大的友谊

图画书

《我爱你的10个理由》| 丹尼尔·柯克

Ten Things I Love About You, Daniel Kirk

这是一个不可多得的精彩故事，讲述的是男孩之间，不，是猪与兔的友谊。他们之间没有任何冲突！他们写下好朋友所具有的令人佩服的品质，只是想表达对彼此的感激之情。故事纯粹而甜蜜。

《亚历山大和发条老鼠》| 李欧·李奥尼

Alexander and the Wind-Up Mouse, Leo Lionni

每个人都喜欢发条老鼠威利，而可怜的亚历山大——一只真正的老鼠，却备受冷落。这部斩获凯迪克荣誉奖的作品表达的不仅仅是友情的主题，还让我们学会欣赏差异和爱自己。

《鸭子和鹅》及后续作品 | 泰德·希尔

Duck and Goose, Tad Hills

不同物种之间也可以存在友谊，也包括鸭子和鹅这一对经常意见不合的朋友。在这个系列的第一册中，他俩因一个蛋而起了争执，故事精彩极了，从而衍生出许多情景各异的后续故事。

《索菲的小葫芦》| 帕特·齐特罗·米勒著，安妮·维尔斯多夫绘

Sophie's Squash, Pat Zietlow Miller, illustrated by Anne Wilsdorf

小索菲喜欢上了一个农贸市场上买回来的小葫芦，无论到哪儿都随身带着它。孩子们或许会对小索菲的做法感同身受，而父母们则会钦佩故事里大人将孩子的特殊喜好引向真实朋友的稳重做法。续集《索菲和小葫芦去上学》同样出色。

《心中的杰罗姆》| 托马斯·斯科托著，奥利维耶·塔莱克绘

Jerome by Heart, Thomas Scotto, illustrated by Olivier Tallec

一个男孩向自己的铁哥们儿——既慷慨又有趣的杰罗姆表达了自己的钦佩之情。这个赞颂男孩之间友情的故事直截了当又惹人喜爱。故事赞颂了直抒胸臆的友情，让人耳目一新，爱不释手。

《我把“没有”送给你》| 帕特里克·麦克道奈尔

***The Gift of Nothing*, Patrick McDonnell**

故事中的小猫奇奇和小狗阿尔出自一部周日连载漫画，这是一本极具简约风格的图画书。它讲述的是费尽心思为朋友寻找合适礼物的故事。其实，最好的礼物当属友谊。

《迷路的小熊》| 卡迪尔·尼尔森

***Baby Bear*, Kadir Nelson**

这是一个迷路小熊在朋友帮助下寻找回家的路的故事，同时它也是一个找寻人生之路的故事。尼尔森浓郁的油画色彩为他赢得了科雷塔·斯科特·金奖和凯迪克荣誉奖。书中忧郁而迷人的夜景让人沉浸其中。

《有你真好》| 纳迪娜·布兰-科姆著，奥利维耶·塔莱克绘

***Big Wolf and Little Wolf*, Nadine Brun-Cosme, illustrated by Olivier Tallec**

这部原著为法语的作品(连同这一系列的其他几本)令人陶醉，两个动物通过互相陪伴慢慢成了好朋友。塔莱克画笔下迷人的风景和眉目传神的动物，将这部情感细腻的作品打造成了一件熠熠生辉的珍宝。

《友谊的形状》| 艾米·克劳斯·罗森塔尔，汤姆·利希藤黑尔德

***Friendshape*, Amy Krouse Rosenthal and Tom Lichtenheld**

两位作者是创作了多本图书(如《希望你更多》和《感叹号》)的黄金搭档，他们使用看似简单实则意义深远的形状，讲述了一个如何求同存异的故事。

《和温德尔共度周末》| 凯文·汉克斯

***A Weekend with Wendell*, Kevin Henkes**

温德尔专横又烦人，更糟糕的是，他要来苏菲家过周末了。放心吧，苏菲自有办法跟他搞好关系的。

章节书/中级读物

《提灯的天使》| 凯特·迪卡米洛

***Raymie Nightingale*, Kate DiCamillo**

父亲离家而去，瑞米想出一个主意，希望自己参加并赢得一场棒操比赛，让父亲回心转意。然而，比赛中她要面对的是两个大有背景的女孩。在迪卡米洛颇为老到的叙述中，真正的友谊不仅让人开怀大笑，还能抚慰人心。推荐同样精彩的《路易斯安娜的归途》，主人公是另外一个女孩。

《艾娃和皮普》丨卡罗尔·韦斯顿

***Ava and Pip*, Carol Weston**

艾娃和皮普是两姐妹，一个害羞笨拙，一个外向开朗。这个充满柔情的故事以及它的两本续集，为我们提供了一个化解冲突的妙方：用一颗善良的心去包容性格上的差异。

女童子军林中历险记系列丨格雷斯·埃利斯，诺埃尔·史蒂文森等

***The Lumberjanes series*, Grace Ellis, Noelle Stevenson, et al.**

这个系列最初是以网络漫画的形式与读者见面的，讲述了一群古怪、大胆的女孩应对超自然力量并在野外求生中胜出的故事。

火翼飞龙系列丨图伊·萨瑟兰

***The Wings of Fire series*, Tui T. Sutherland**

这个奇幻系列描绘的是一个龙的世界，讲述的是友谊、万物之间的关联等主题。角色形象刻画丰满，他们之间的互动其实影射了现实中的人类世界，充满了细腻而真实的情感。

《时代广场的蟋蟀》丨乔治·塞尔登

***The Cricket in Times Square*, George Selden**

这部经典故事发生在纽约地铁的报摊上，一只猫、一只老鼠、一只蟋蟀和一个男孩之间的真挚友情，以一种令人揪心却又让人心满意足的方式展现在人们面前。

《你先走》丨艾琳·恩塔达·凯利

***You Go First*, Erin Entrada Kelly**

两个正在经历痛苦挣扎的中学生——一个宾夕法尼亚女孩，一个路易斯安那男孩——在网上玩拼字游戏时结下了友谊，并在现实生活中相见。这个故事探索了与朋友真诚交往的多种途径。

《小石城的狮子》丨克里斯汀·莱文

***The Lions of Little Rock*, Kristin Levine**

故事发生在20世纪50年代，小石城的学校刚刚开始废除种族隔离制度，一个白人女孩和一个黑人女孩在骚乱中结为挚友。故事扣人心弦又抚慰人心，诠释了真正的友谊牢不可破的道理。

《便条》丨约翰·大卫·安德森

***Posted*, John David Anderson**

一所中学禁止使用手机后，孩子们开始互留便条。本书审视了语言既可为“良言”，也可为“恶语”的双重性，构思巧妙，发人深省。

《藏有秘密的树》|娜塔莉·斯坦迪福德

***The Secret Tree*, Natalie Standiford**

一个名叫明蒂的女孩在家里遇到了烦心事，她发现邻居家的孩子们总在树洞里留下纸条，讲述他们的秘密。作者以一种愉快的方式探讨了人与人之间的关系。

保姆俱乐部系列|安·M. 马丁

***The Babysitters Club series*, Ann M. Martin**

安·马丁的该系列小说讲述了一群朋友创建保姆俱乐部的故事，她们在学习照料孩子的同时，也增进了彼此之间的了解。许多中年女性都是在这本书的熏陶下长大的。之后，这套书被更新、改编成了漫画小说，新一代的孩子从中能够看到自己和同龄人的影子。孩子看完这一系列，还可以看卡洛琳·卡拉写的《有史以来最好的保姆》，这是一部创意十足的翻改作品：曾经读过原著的当代女孩也决定开创自己的保姆事业，结果却搞得人仰马翻。

青少年文学

《追逐金色的少年》|苏珊·埃洛伊丝·欣顿

***The Outsiders*, S. E. Hinton**

这是1967年欣顿18岁时出版的作品，讲述了一群出身底层、游荡在社会边缘、被视为“混混”的帮派少年，身陷泥污之中但追求纯真的故事。作品至今依然具有很大的影响力，深深吸引着孩子们。

《亲爱的马丁》|尼克·斯通

***Dear Martin*, Nic Stone**

一个名叫贾斯蒂斯的非裔美国男孩给马丁·路德·金博士写信，希望他能够帮助自己勇敢面对警察针对黑人实施的暴行，以及处理好与白人同学的复杂关系。故事振奋人心，充满哲理。

《我会给你回信的》|凯特琳·阿利弗伦卡，马丁·甘达

***I Will Always Write Back*, Caitlin Aliferenka and Martin Ganda**

这是一部扣人心弦的非虚构作品，讲述的是一个美国女孩和一个贫穷的非洲男孩之间的故事。他们因学校布置的作业而结为笔友，持久的友谊改变了彼此的

一生。也许只有这样真实的故事才能传递出如此强烈、鼓舞人心的情感。

《蛇王》 | 杰夫·泽特纳

***The Serpent King*, Jeff Zentner**

这部小说讲述了三个不合群的高中生的故事，他们生活在田纳西州一个暴力事件频发的乡村社区。小说捕捉到了青少年对待友谊的诚挚、无私的情感。泽特纳告诉我们，对那些受制于客观环境的孩子来说，朋友的力量是多么强大。

恐惧与勇气

图画书

《勇敢的艾琳》 | 威廉·史塔克

***Brave Irene*, William Steig**

裁缝的女儿艾琳·波宾是一个无私、专注、有主见的女孩。为了把礼服送到伯爵夫人手里，她冒着凛冽的暴风雪，克服重重险阻，最终完成了使命。小主人公既惹人爱怜，又令人敬佩。

《狮子和老鼠》 | 杰里·平克尼

***The Lion & the Mouse*, Jerry Pinkney**

平克尼成功改编了几则伊索寓言，其中包括《蚂蚁与蚱蜢》。而这本无字故事书更具艺术性，讲述的是狮子放过一只老鼠而得到丰厚回报的故事，它所传达的人生大智慧以及精美的水彩画会让你看了又看，爱不释手。

《跳吧，贾巴里》 | 盖亚·康沃尔

***Jabari Jumps*, Gaia Cornwall**

高台跳水如此可怕，但父亲的大手会给你信心和安慰。作者在书中对恐惧心理的描摹让人心生怜悯，却又鼓舞人心。对于如何克服畏难情绪，本书给出的答案虽然仅限于学习游泳这一方面，却也具有广泛的普适性。

《大黑狗》 | 李维·宾福德

***Black Dog*, Levi Pinfold**

家里人都被一只巨大无比的狗吓得躲到了屋子里，而家中的小不点儿却毫不畏惧，竟然诱哄着大狗慢慢变小。其他人这才意识到，只要有巨大的勇气和一点点的魔力，世间便没有什么可怕的事了。

《咕噜牛》 | 朱莉娅·唐纳森著，阿克塞尔·舍夫勒绘

***The Gruffalo*, Julia Donaldson, illustrated by Axel Scheffler**

这本韵律十足的图画书在英国曾引起巨大轰动。聪明的小老鼠穿越森林时，凭借着想象出的一个可怕怪物——咕噜牛——吓跑了所有想吃掉他的动物。可是，这个想象中的怪物竟然变成了真的，这可怎么办啊?

《黑夜》 | 雷蒙尼·史尼奇著，乔恩·克拉森绘

***The Dark*, Lemony Snicket, illustrated by Jon Klassen**

是不是每个孩子都曾害怕过夜晚? 即便是那些大胆的孩子也会喜欢上男孩与黑暗达成和解的率真故事。这本书由"波特莱尔大冒险"系列的作者和《我要把我的帽子找回来》的插画师联袂打造，文字和插图都十分精美。

《有些事情真的很可怕》 | 弗洛伦斯·帕里·海德著，朱尔斯·费弗绘

***Some Things Are Scary*, Florence Parry Heide, illustrated by Jules Feiffer**

这个滑稽的故事会让你受益匪浅。它描绘了生活中某些司空见惯，却会让人陡然心生恐惧的时刻，比如在斜坡上溜冰时失去了控制。无论成年人还是孩子都会被它深深吸引。

《就算摔倒了也不怕》 | 塞巴斯蒂安·珀隆

***Ready to Ride*, Sébastien Pelon**

自行车没有了辅助轮，小男孩便失去了勇气。这时，一个变化多端的柔软大白球出现了，向他伸出了援手，不过只是在他真正需要的时候。

《蛋先生摔下去以后》 | 丹·桑塔特

***After the Fall*, Dan Santat**

在哪里摔倒就在哪里爬起来，可是，如果有一天从墙上摔下来，不仅骨折，还吓破了胆，这可怎么办呢? 在这个构思巧妙的故事中，蛋先生从挫败中恢复自信，重新站了起来。

《门外没有大坏狼》 | 廉惠媛

***There Are No Scary Wolves*, Hyewon Yum**

外面的世界或许很恐怖，充满了神秘的陌生人，甚至还会有大坏狼——即使你穿着超人的斗篷。廉惠媛天马行空的创意绘画与其说是恐怖，不如说是可爱。它以迷人的方式提醒我们，这个世界上最可怕的事情来自我们的想象。

章节书/中级读物

“手斧男孩”系列 | 盖瑞·伯森

***Hatchet*, Gary Paulsen**

这个系列的作品讲述了一个13岁男孩在空难中幸存下来的故事。他在森林里迷失数日，仅靠着一把短柄斧来获取食物、搭建栖身之地。故事教会了许多孩子野外求生的技能，还提供了一些关于处理父母离异问题的指导。

玩具历险记系列 | 艾米莉·詹金斯著，保尔·欧·泽林斯凯绘

***The Toys Go Out books*, Emily Jenkins, illustrated by Paul O. Zelinsky**

《玩具历险记》《玩具回家》《玩具舞会》三部曲是一套有趣、巧妙的章节书。三个朋友——两个毛绒玩具和一个橡皮球——趁小女主人不在家时一起探寻外面的大千世界。詹金斯和泽林斯凯还合作出版了一本关于冬天的精美图画书——《玩具遇到下雪天》，很适合用来向年幼的孩子们介绍这三个可爱的角色。

《夏天里的雨伞》 | 丽莎·格拉夫

***Umbrella Summer*, Lisa Graff**

安妮一直忧心忡忡，然而她最害怕的事情还是发生了：哥哥撒手人寰，离她而去。她被悲伤和恐惧所吞噬，拒绝与外界的任何交流，直到一年夏天，她学着鼓起勇气去面对生活的挑战。

《天堂里的海龟》 | 詹妮弗·L. 霍尔姆

***Turtle in Paradise*, Jennifer L. Holm**

小说以经济大萧条为背景，讲述了一个情感封闭的10岁小女孩的故事。家里变得一贫如洗后，她被送到了佛罗里达州的亲戚家里，在那里她慢慢学会了与他人建立信任，开启新的生活。

《养家之人》 | 黛博拉·艾里斯

***The Breadwinner*, Deborah Ellis**

这是一个女孩为了养家糊口而女扮男装的故事，为了写好这个故事，艾里斯曾采访过许多年轻的阿富汗难民。它还被改编成了一本引人入胜的图像小说。

《斯特拉的星光》 | 莎朗·M. 德蕾珀

***Stella by Starlight*, Sharon M. Draper**

故事发生在种族隔离制度下的南方，黑人女孩为了拯救被蛇咬伤的母亲，面对他人的恫吓毫不畏惧。故事跌宕起伏，社区人民的团结精神和勇气可歌可泣，读来荡气回肠。

《雷暴中的车轮声》| 凯瑟琳·朗德尔

***Cartwheeling in Thunderstorms*, Katherine Rundell**

一个孤儿、一所寄宿学校、一个无法融入环境的孩子 …… 一个在非洲生活的白人女孩，父亲去世后，被送到一所英国寄宿学校，她在那里勇敢地开启了一段新的生活。

《月夜仙踪》| 林珮思

***Where the Mountain Meets the Moon*, Grace Lin**

在林珮思的笔下，中国神话传说和永恒的冒险故事被巧妙地融合在一起，绘成了一幅色彩斑斓的画卷，令人叹为观止。与之后的两部姊妹篇一样，这些故事都充满了神奇的动物和勇于完成使命的孩子。

《阿图罗·萨莫拉史诗般的失败》| 巴勃罗·卡塔亚

***The Epic Fail of Arturo Zamora*, Pablo Cartaya**

眼看祖母的餐厅就要被邪恶的房地产开发商接管，住在迈阿密的棒球小子精心策划，与开发商们周旋。这个有趣且感人的故事阐释了为捍卫自己的切身利益挺身而出的意义。

《孤儿岛》| 劳雷尔·斯奈德

***Orphan Island*, Laurel Snyder**

九个孤儿住在一座神秘的岛屿上，没有一个大人。每年，当最年长的孩子被带走后，一个新的孩子又会被送到岛上。直到有一天，一个叫金尼的女孩在她离岛之日，做出了反抗命运的决定。故事蕴含丰富的象征意义，引人入胜，发人深省。

青少年文学

《龟背上的世界》| 约翰·格林

***Turtles All the Way Down*, John Green**

当下许多青少年饱受焦虑的折磨，这部小说的主人公便是这样一个被自己的偏执想法所困扰的女孩，但最终她成功解开了一个谜团，并坠入爱河。故事以格林自己与精神疾病抗争的亲身经历为蓝本，因而更加感人，也更有意义。

《如果我留下》| 盖尔·福尔曼

***If I Stay*, Gayle Forman**

一个十几岁的少女正在为追求音乐梦和是否离开家人及男友左右为难之际，一场车祸使她陷入了昏迷。福尔曼的笔触在时光中来回游走，绘就了一幅令人心碎的感人画面。这个少女面临的是一个生与死的抉择，这让她正确认识了自己的整个人生。

《高度不合逻辑的行为》｜约翰·科里·惠利

***Highly Illogical Behavior*, John Corey Whaley**

惠利以其一贯古怪滑稽的风格以及宽厚的胸怀，讲述了一个因患广场恐惧症而不敢出门的男孩，以及一个想方设法帮助他，但目的并不单纯的朋友的故事。

《美国街道》｜伊比·佐布

***American Street*, Ibi Zoboi**

从海地地震灾区前往底特律表兄家的途中，法比奥拉的母亲被移民局拘留关押，法比奥拉只得独自一人面对陌生国家、陌生家庭和陌生语言环境下的生活。故事带有一点儿魔幻现实主义色彩，散发着迷人的魅力。

《真想揍你一顿》｜梅格·梅迪纳

***Yaqui Delgado Wants to Kick Your Ass*, Meg Medina**

关于女孩霸凌的故事数不胜数，但这个故事尤为引人瞩目。一个拉丁裔女孩因为"太白"而被其他女孩骚扰，在应对这些骚扰的同时，她还得处理一些家庭问题和美发店里的兼职工作。在这个过程中，她慢慢学会了勇敢地保护自己，同时也保护了自己那份细腻的情感。

《恶魔呼唤》｜派崔克·奈斯著，吉姆·凯绘

***A Monster Calls*, Patrick Ness, illustrated by Jim Kay**

这部充满温情的作品改编自已故作家西沃恩·多德的小说，讲述的是一个男孩学着面对母亲去世的故事，但作者处理这一故事题材的手法完全出乎人们的意料。这本书改编的电影也备受好评。

分歧者系列｜维罗尼卡·罗斯

***Divergent*, Veronica Roth**

这是一个末日世界里少年抗争的传奇故事，会让你高呼过瘾。在故事所描绘的世界里，孩子们在16岁时会被强行划分成五大派系中的一员。对于女主人公来说，要想找到属于自己的位置，做一个真实的自己，需要的不仅仅是勇气。

《仰望天空》｜汤米·沃勒克

***We All Looked Up*, Tommy Wallach**

三个月内一颗小行星将撞击地球，世间万物将毁于一旦，在你得知这一切时会怎么做呢？西雅图的四名少年就面临着一场如此可怕的终极游戏。故事既令人

不安，又让人深思。

《血水颜料》｜乔伊·麦卡洛

***Blood Water Paint*, Joy McCullough**

这部激动人心的小说以意大利巴洛克时期画家阿特米西娅·津迪勒奇的生平为蓝本，讲述了她鼓起勇气与强暴她的人对簿公堂的故事。书中以散文、诗歌两种形式相互穿插，赋予了这个古老的故事——在不公和暴力面前坚守自己的立场——更深远的含义。

善良与同情

图画书

《我是人类》｜彼得·S. 雷诺兹著，苏珊·弗德绘

***I Am Human*, Peter S. Reynolds, illustrated by Susan Verde**

书中的小男孩愉快地探索着“人类”的含义，清楚地表达了他对自己——以及我们所有人——之所以成为“人类”的看法，比如，他会无意中犯错，也会向别人伸出援助之手。

《三个强盗》｜汤米·温格尔

***The Three Robbers*, Tomi Ungerer**

温格尔以其独特的幽默和不动声色的表达，为我们描绘了三个劫匪和一个无辜被劫孩子的故事。善良的芬妮凭借着自己对人类良知的坚定信念，竟然将贪婪之徒改造成了乐善好施的罗宾汉。这是一本适合所有人阅读的珍贵图书。

《爱心树》｜谢尔·希尔弗斯坦

***The Giving Tree*, Shel Silverstein**

人们对这本书的解读各有千秋：许多家长认为它意在阐释太过无私的母爱所造成的危害，但其他人（包括我们）认为，这是一个道德层面的故事，它细致描绘了慷慨与自私之间模糊不清的界线以及人际关系的复杂本质，同时它还探讨了“给予”到了多大程度就意味着放弃自我这个问题。无论你持有哪种观点，它一定会激起你和孩子热烈的交流和辩论。另外，它还是一个讲述男孩成长的美好故事。

《我和瓦妮莎一起走》|科拉斯科特

***I Walk with Vanessa: A Story About a Simple Act of Kindness*, Kerascoët**

欺凌也会发生在很小的孩子身上。这本无字书的创作灵感来自一个真实的故事，它看似简单实则意义深远，彰显了孩子的一个举动鼓舞整个群体的强大力量。

《大多数人》|迈克尔·林内著，珍妮弗·E. 莫里斯绘

***Most People*, Michael Leanneh, illustrated by Jennifer E. Morris**

外面的世界令人担忧，年幼的孩子可能受到战争、暴行和枪击等的影响。对于这些看似无处不在的威胁，这本书无疑是一剂有效的解药，它传达的信息十分简单：大多数人都是好人，人与人要相互联系和回应；认同我们共有的人性，不要对善的力量失去信心。

《我为什么是我？》|佩吉·布里特著，肖恩·夸尔斯，塞利娜·阿尔科绘

***Why Am I Me?* Paige Britt, illustrated by Sean Qualls and Selina Alko**

两对不同肤色的亲子在去地铁的路上相遇，引发了一系列对身份和差异的富有诗意的思考，书中探讨了孩子们最常提出的问题：人与人为何不同？

《勇气》|伯纳德·韦伯

***Courage*, Bernard Waber**

我们每个人都需要勇气来面对大大小小的困难：品尝一种新的蔬菜，面对一只凶狗，卸掉辅助轮骑车…… 韦伯所要告诉我们的是，互相帮助、战胜共有的恐惧会让我们团结在一起。

《最低年级里个子最小的女孩》|贾斯廷·罗伯茨著，克里斯蒂安·鲁滨逊绘

***The Smallest Girl in the Smallest Grade*, Justin Roberts, illustrated by Christian Robinson**

这本书适合年龄小一些的孩子阅读。它讲述了莎莉·麦凯布——一个没人注意，却会关注一切的小不点儿的故事。当看到操场上发生霸凌事件时，这个小不点儿会挺身而出。克里斯蒂安·鲁滨逊是一位才华横溢的当代插画家，从这些温馨的图画中你能一睹他的风采。

《真的没什么不同：关于残疾你真正想问的事》|谢恩·伯考

***Not So Different: What You Really Want to Ask About Having a Disability*, Shane Burcaw**

这是一个以第一人称讲述的、真情袒露的故事。主人公患有一种叫作脊髓性肌

萎缩的罕见疾病，身体会随着年龄的增长而变得弱小。他以坦率和幽默的口吻回答了那些好奇的孩子想知道，但令人不爽的问题：“你跟朋友怎么玩？”“你有什么病啊？”

《马尔科和爸爸》｜古斯蒂

***Mallko and Dad*, Gusti**

这本书向我们展现了一个患有唐氏综合征的男孩和他父亲的日常生活画面。父亲在最初得知儿子的病情时十分难过，但故事充满了温情、勇气和幽默。这是任何年龄段的人都应该阅读的一本好书。

《我和世界的孩子不一样的生活》｜麦特·拉莫斯

***This Is How We Do It: One Day in the Lives of Seven Kids from Around the World*, Matt Lamothe**

这本精美的图画书描绘了来自世界各地的孩子——从伊朗到秘鲁——各自的日常活动及他们当下的生活方式。这是一本融地理、文化和历史知识为一体的综合性指南。

《不可思议的朋友》｜瑟莱娜·尹

***Be a Friend*, Salina Yoon**

丹尼斯，一个不爱说话但喜欢模仿的男孩，与小女孩乔伊结下了友谊。他不会说话吗？他害怕说话吗？他有孤独症吗？这都无关紧要，重要的是乔伊接受了他。尹的故事和插画温婉迷人，歌颂的是人间温情所创造的奇迹。

《路程》｜弗朗西斯卡·桑娜

***The Journey*, Francesca Sanna**

这部处女作讲述了一个为躲避战争而流离失所的移民家庭的故事，它对这一敏感而棘手的话题进行了巧妙处理，从而消除了阅读的年龄限制，因此斩获一系列大奖。孩子们会就一些新闻提出疑问，这本书给出了答案。

《美丽的小鸟》｜苏珊娜·德尔·瑞佐

***My Beautiful Birds*, Suzanne Del Rizzo**

一个逃往黎巴嫩的叙利亚男孩因无法将心爱的鸽子带走而伤心不已，但在难民营里，他又发现了一群鸟儿并悉心照料它们。作者运用了多种艺术媒介，使这个叙利亚难民危机的故事充满了人性的光辉。

《市场街最后一站》|马特·德拉培尼亚著，克里斯蒂安·鲁滨逊绘

***Last Stop on Market Street*, Matt de la Pena, illustrated by Christian Robinson**

一个叫小杰的小男孩和奶奶一起乘坐公交车，一路上不停地抱怨，但是奶奶却让他看到了烦恼背后积极向上的一面；当车到达目的地——他们做义工的爱心厨房时，相信读者的内心也跟着充实起来。

《什么是善良》|帕特·齐特罗·米勒著，珍·希尔绘

***Be Kind*, Pat Zietlow Miller, illustrated by Jen Hill**

在生活中处处做一个体贴、慷慨的人，简单而必要，这本可爱的图画书向年幼的孩子们展示了如何做到这一点，没有任何刻板的说教。

禅的故事系列|琼·穆特

***Zen Ties*, *Zen Shorts*, and *Zen Ghosts*, Jon J Muth**

这套图书讲述了三个兄妹和一只叫静水的大熊猫的故事，配以恬静的水彩画面，融汇了俳句和禅宗哲学中诸如忍耐和节制的基本思想，简单而迷人。

《坏脾气的蛋糕》|罗博特·沃特金斯

***Rude Cakes*, Rowboat Watkins**

这本书的主角是蛋糕一家子，它可能是你读给孩子听的最有趣、最没有说教意味的礼仪书了。毕竟，善良源于最基本的礼貌，这种幽默的呈现方式无伤大雅。

《乐于助人的赫尔曼》|罗伯特·克劳斯著，何塞·阿鲁戈、阿丽亚娜·杜威绘

***Herman the Helper*, Robert Kraus, illustrated by Jose Aruego and Ariane Dewey**

赫尔曼是一只小小的章鱼，他乐于帮助海里的其他动物，因为这让他非常快乐，而且每个人都非常感激他！这个快乐的小故事毫无说教之意。

《跟我来》|霍莉·M. 麦基著，帕斯卡尔·勒马特雷绘

***Come with Me*, Holly M. McGhee, illustrated by Pascal Lemaître**

面对充斥于晚间电视新闻中的恐惧和仇恨，小女孩问父亲她能做点什么。“跟我来吧！”父亲说。这句话传达了强有力的信息：不管事情有多小，时代有多艰难，都要将爱心无限地传递下去。

章节书/中级读物

《比面包盒还要大》 | 劳雷尔·斯奈德

***Bigger than a Bread Box*, Laurel Snyder**

父母一气之下分居，12岁的丽贝卡不得不搬到另外一个地方去住，她无所适从，痛苦不堪。一个神奇的面包盒似乎轻而易举地化解了她心中的苦闷。斯奈德细致入微地探讨了如何优雅而宽容地面对人生困境。

《知更鸟》 | 凯瑟琳·厄斯金

***Mockingbird*, Kathryn Erskine**

哥哥在学校枪击案中突然遇难，患有阿斯伯格综合征的妹妹从此变得更加郁郁寡欢。但群体和爱心的强大力量支撑着这些悲伤的人在崎岖的道路上奋勇前行。

《难民的故事》 | 艾伦·格拉茨

***Refugee*, Alan Gratz**

一本书中的三个故事相互交织、悬念丛生。它讲述了“二战”时期的德国、当代古巴和叙利亚流亡难民儿童的故事，向我们展示了难民的困苦境地及全体人类息息相关的命运。

《疯狂麦基》 | 杰瑞·史宾尼利

***Maniac Magee*, Jerry Spinelli**

在这本有趣且充满了人生智慧的书中，主人公在一场离奇事故中变成了无依无靠的孤儿，多年的“装模作样”之后，他终于找到了更好的方法，使小镇上势不两立的派系握手言和。

《听见颜色的女孩》 | 莎朗·德蕾珀

***Out of My Mind*, Sharon M. Draper**

书中刻画了一个聪明过人、有着过目不忘本领的脑瘫女孩的形象。这本书会让孩子们明白，坐在轮椅上的人同样可以拥有丰富多彩的人生。

《漫漫求水路》 | 琳达·休·帕克

***A Long Walk to Water*, Linda Sue Park**

分别生活在1985和2008年的两个苏丹孩子，为了梦想中的未来，不停地跋涉在荆棘丛生的险途上。这部享誉全球的作品让更多的人意识到，孩子同样能创造出英雄般的奇迹。

《你好，宇宙》 | 艾琳·恩塔达·凯利

***Hello, Universe*, Erin Entrada Kelly**

一个小霸王，三个看似不可能成为朋友的孩子，被一种神秘的力量联结在了一

起。这部获得纽伯瑞金奖的作品，像春雨般滋润着人们的心田，让人相信，恻隐之心，人皆有之。

《消失的湖》 | 伊丽莎白·恩赖特

***Gone-Away Lake*, Elizabeth Enright**

这是一部20世纪中期的经典之作。两个孩子发现了一个早已变得阴森破败的湖边度假胜地，只有辛勤的劳作，敞开心扉并体谅别人才能让它重新焕发生机。

《杰西卡的借口》 | 济尔法·基特利·斯奈德

***The Witches of Worm*, Zilpha Keatley Snyder**

这是一部短小精悍、令人难忘的经典作品，时不时会让你感到诡异，甚至毛骨悚然，你会禁不住问自己：在这些情况下，我是不是也会如此糟糕？杰西卡是一个无人照管的女孩，她收养了一只被施了魔法的生病小猫。小猫诱使着她大搞恶作剧甚至做其他更糟的事情——也许只是她自己的沮丧和愤怒将她拉向了黑暗的深渊？

《小公主》 | 弗朗西斯·霍奇森·伯内特

***A Little Princess*, Frances Hodgson Burnett**

这本书出版于100多年前，但现在读来依旧感人肺腑。年幼的萨拉被驻扎在印度的陆军上尉父亲送进一所英国寄宿学校后，经历可谓一波三折，她从衣食无忧变得衣衫褴褛，最后重新拥有财富。一路走来，她目睹了各阶层人们的生活，学会了慷慨与忍让。

青少年文学

《看到你的第一眼》 | 乔希·桑德奎斯特

***Love and First Sight*, Josh Sundquist**

一个天生双目失明的男孩上高中时开始尝试着活出自己的样子，还爱上了一个视力正常的女孩。一次手术让他获得光明，然而，所有的一切却有待重新定义。这是一部发人深省的作品。

《我的皮肤》 | 莎朗·G. 弗莱克

***The Skin I'm In*, Sharon G. Flake**

一个非裔美国女孩，早已习惯了因自己的外表和贫穷家境而被别人嘲笑。然而当一位面目骇人，但正能量爆棚的新老师到来后，她慢慢开始学着接受自己。这是一部鼓舞人心、积极向上的作品。

《一步之差》｜卡米·麦戈文

***A Step Toward Falling*, Cammie McGovern**

一个有发育障碍的女孩在中学里遭到恶意攻击，另外两个孩子却袖手旁观，因此他们不得不去社区做义工。在这一过程中，他们的内心发生了改变。麦戈文通过描绘智力残疾人士的丰满生命，不知不觉间消弭了人与人之间的偏见。

《永别之地》｜阿提娅·阿巴维

***A Land of Permanent Goodbyes*, Atia Abawi**

叙利亚男孩塔里克曾经有一个相亲相爱的大家庭，他们幸福地生活在一起，然而战争却让他们流离失所，家破人亡。战后满目疮痍、令人心碎，但勇敢的少年心中重新燃起了希望。

《我们之间的距离》（青少年版本）｜雷纳·格兰德

***The Distance Between Us: Young Reader's Edition*, Reyna Grande**

这部获奖作品是格兰德的回忆录，讲述了他童年时从墨西哥前往美国，与无证移民的父亲团聚的经历。优美的文笔道尽了人生路上的悲欢离合。

《太阳怎敢升起：一个战乱中儿童的回忆录》｜桑德拉·乌林吉伊马纳

***How Dare the Sun Rise:Memoirs of a War Child*, Sandra Uwiringiyimana**

本书叙述了一个小女孩的经历，她从非洲开启充满创痛的旅程，接着在美国挣扎着开辟新生活——这一切在作者笔下行云流水般地铺陈开来，每一页都在提醒着读者，个中滋味远非“难民”二字所能穷尽。

《小战士》｜基利·赫顿

***Soldier Boy*, Keely Hutton**

这本书融汇了小说和纪实文学的元素，描绘了一个被迫为乌干达反政府组织作战的小男孩的经历，故事触目惊心。它还呈现了一个组织机构为救助儿童士兵而开展的工作，令人鼓舞。

《奥斯威辛的小图书馆员》｜安东尼奥·G. 伊图贝

***The Librarian of Auschwitz*, Antonio Iturbe**

这部小说根据真实故事改编，讲述了被关押在奥斯威辛集中营里的一个14岁少女的故事，她冒着生命危险保护着犹太同胞偷偷带进来的几本珍贵的书。作家的文笔犀利而老到。

自我接纳与身份认同

图画书

《大器晚成的里奥》| 罗伯特·克劳斯著，何塞·阿鲁戈绘

***Leo the Late Bloomer*, Robert Krauss, illustrated by Jose Aruego**

一只担心自己一无所长、各方面都赶不上同伴的小老虎最终打消疑虑，相信自己的天赋、技能和力量终有一天会大放光彩。对一些老虎来说，这只是时间的问题。

《小黑鱼》| 李欧·李奥尼

***Swimmy*, Leo Lionni**

这本引人入胜的图画书讲述了勇敢的小黑鱼带领同伴脱离危险的故事，它之所以能够经久不衰，自有它的魅力所在。出色的领导才能凭的不是个头儿大小，而是懂得团队合作精神。

《感叹号》| 艾米·克劳斯·罗森塔尔著，汤姆·利希滕霍尔德绘

***Exclamation Mark*, Amy Krouse Rosenthal, illustrated by Tom Lichtenheld**

这是献给能够接纳自我的人的一首赞歌。故事以一个郁郁寡欢的标点符号为主人公，处处流露着幽默感。可爱的插图看似简单，实则寓意深远。

《我的名字克丽桑丝美美菊花》| 凯文·汉克斯

***Chrysanthemum*, Kevin Henkes**

去学校成了一件令人头疼的事，因为对于你喜欢的名字，别人居然都觉得滑稽可笑。这部暖心之作出自佳作连连的汉克斯之手，讲述了一只因名字而被取笑的老鼠重新振作起来的故事。

《逃跑的小车厢》| 比尔·皮特

***The Caboose Who Got Loose*, Bill Peet**

皮特是迪士尼众多早期经典作品的动画师，也是一位多产的插画家，作品大多仍以平装本的形式出现。他擅长塑造不合群的人物、误解以及异想天开的梦想。在这个故事中，小车厢凯蒂细致表述了她不喜欢成为火车最后一节车厢的原因，最终她却发现其实做最后一节车厢也并不总是那么糟糕。皮特的其他杰出作品还包括《骆驼帕梅拉》《丢了脑袋的龙》和《被施了魔法的狗》。

《美人鱼朱利安》| 杰西卡·洛芙

***Julián Is a Mermaid*, Jessica Love**

故事再现了闻名遐迩的科尼岛美人鱼大游行——当小男孩和奶奶一起乘坐地铁时，看到了一群装扮成美人鱼的人。男孩怎么就不能当美人鱼呢？这是一部熠熠生辉的作品。

《爱花的牛》| 曼罗·里夫著，罗伯特·劳森绘

***The Story of Ferdinand*, Munro Leaf, illustrated by Robert Lawson**

这部备受人们喜爱的经典作品是一个反战寓言故事吗？也许吧。但是这头渴望坐在栎树下嗅闻花香的安静公牛的故事，根本无须过度解读，孩子自然会因为这个享受自我的动物而喜欢上这个简简单单的故事的。

《星月》| 珍妮儿·肯侬

***Stellaluna*, Janell Cannon**

一只小果蝠被袭击他的猫头鹰从窝里撞出后，不得不与一群不相识的鸟儿生活在一起。这部作品讲述的是包容他人的同时如何保持真实的自我的故事。蝙蝠从未在别的故事里显得如此可爱。

《隐形男孩》| 特鲁迪·路德维希著，帕特利斯·巴顿绘

***The Invisible Boy*, Trudy Ludwig, illustrated by Patrice Barton**

其他的孩子在一起打打闹闹，却没人愿意跟布莱恩一起踢球玩耍，布莱恩觉得自己是一个彻头彻尾的隐形人，直到新同学贾斯汀来到学校，终于有人注意到了布莱恩。巴顿的色粉画与这个故事的内容完美契合，让我们看见人群中那些害羞的孩子并发现他们的闪光点。

《为啥感觉不一样》| 亨利克·霍夫兰著，托里尔·科夫绘

***John Jensen Feels Different*, Henrik Hovland, illustrated by Torill Kove**

是因为他的尾巴吗？还是他的领结？为什么约翰·J.詹森在这个北欧小镇里总觉得自己格格不入？这个“学会爱自己”的经典故事以其滑稽古怪的幽默感和挪威独特的艺术美感闻名于世。

章节书/中级读物

《萝丝和小雨》| 安·M. 马丁

***Rain Reign*, Ann M. Martin**

一个患有孤独症的女孩与一只走失后被她收养的狗狗朝夕相处，形影不离。但

当她发现了狗狗最初的主人后，忍痛将它归还。这个温情脉脉的故事为我们展示了孤独症患者的内心世界。它与“保姆俱乐部系列”均出自深受人们喜爱的马丁之手。

《艾玛尔的解放》 | 艾莎·赛义德

***Amal Unbound*, Aisha Saeed**

这个梦想有一天能够成为教师的12岁巴基斯坦女孩，被迫做了一个富有人家的女仆。在那里她渐渐察觉到这家人的犯罪行为。这个令人感动的故事教给我们在逆境中应该如何保持自己的本色。

《寂静中的惊奇》 | 布莱恩·塞兹尼克

***Wonderstruck*, Brian Selznick**

塞兹尼克标志性的混合式叙事手法——一页插图和一页文字巧妙结合——特别适合这个精彩的故事：一个失聪的女孩寻找她从未谋面的母亲，一个在雷雨中失去听力的男孩也在寻找他失去的父亲。塞兹尼克所表达的人与人之间的关联尽在不言中。

《你好，外星人》 | 程远

***See You in the Cosmos*, Jack Cheng**

在这部温情脉脉的小说中，孤独的男孩有一个并不尽职尽责的单亲母亲，但这并不会影响他对太空和天文学家卡尔·萨根的痴迷，以及将他的iPod发送至太空的梦想。这部小说温和地探讨了诸如宇宙、家庭的作用等重大的问题。

《养女基里》 | 凯塞琳·帕特森

***The Great Gilly Hopkins*, Katherine Paterson**

这部作品讲述了一个辗转于多个寄养家庭、多年后变得傲慢而“难以管教”的女孩的故事，它是对孩子愤怒和不公的感受的一次探索，同时也展示了即使一个有问题的孩子也能最终找寻到希望和改变之路。

《中学的种种》 | 维多利亚·杰米逊

***All's Faire in Middle School*, Victoria Jamieson**

如果你一直在家接受家庭教育的话，那还能适应普通学校的生活吗？这部图像小说不仅让孩子学会适应新的环境、结交新朋友，还教会孩子在面对欺凌时应该怎么做。

《走出自己的迷宫》 | 凯特·伊

***The Way to Bea*, Kat Yeh**

一个毫无存在感的七年级女孩经常用隐形墨水写诗，当有人开始给她回信之后，她渐渐地与一个痴迷于迷宫的孩子建立起了友谊。这本书坦诚而又敏锐地审视了学校生活中残酷的一面以及特立独行的价值。

一个叫蝙蝠的男孩系列 | 伊莱娜·K. 阿诺德

***The Boy Called Bat series*, Elana K. Arnold**

绰号为“蝙蝠”的比克斯比·亚历山大·谭患有孤独症，围绕他铺陈开来的这些有趣而美好的故事，精彩地展示了那些神经非典型性的孩子独特而又普通的生活。

青少年文学

《诗人X》 | 伊丽莎白·阿塞韦多

***The Poet X*, Elizabeth Acevedo**

这部振奋人心的诗体小说出自大满贯诗人阿塞韦多之笔，一个生活在纽约的多米尼加女孩在诗歌创作中找到了自己的声音。这是一首赞颂语言力量的诗篇，也是一次对家庭、自我身份的敏锐探索。

《饺子公主》 | 朱莉·墨菲

***Dumplin'*, Julie Murphy**

一个有着选美皇后妈妈的女孩自嘲为“胖妞”，当她决定参加选美比赛并发表感言时慢慢获得了信心。墨菲以一种温暖而有力的口吻探讨了身材外貌给女孩们带来的压力。

《走过冬天的女孩》 | 劳丽·哈尔斯·安德森

***Wintergirls*, Laurie Halse Anderson**

安德森十分擅长写青少年现实题材小说，这是她的一部优秀力作：两个患有饮食失调症的朋友，一个丧命，而另一个幸存者必须找到健康活下去的勇气。

《丑人》三部曲 | 斯科特·维斯特费尔德

***The Uglies series*, Scott Westerfeld**

本系列描绘了一个以貌取人的畸形社会，在那里，16岁的孩子被迫接受整容手术，以达到“漂亮”的标准，但一些女孩开始反抗，并要求拥有独立思考的权利。故事带有一种反乌托邦的意味。

《开榜之日》 | 西沃恩·维维安

***The List*, Siobhan Vivian**

故事发生在一所高中，那里每年都会张榜公布最美和最丑女孩的名单。这本风格轻快但深有见地的小说告诉我们，在一个容貌至上的环境里，寻找真正自尊的道路虽然艰难，但却值得。

《美生中国人》｜杨谨伦

***American Born Chinese*, Gene Luen Yang**

这本书讲述了寻找心中超级英雄的华裔美国男孩们的故事，中国神话中的美猴王、武术元素和美国中学的校园生活完美地融合在一起，浑然天成，不着痕迹。

《无法完成的告别》｜大卫·利维森

***Every Day*, David Levithan**

这本独特的、引人入胜的作品，讲述的是一个每天醒来都会发现自己有了不同的身体和样貌的男孩的故事，探讨了性别身份带来的压力。故事天马行空，直击青少年的内心。

《走钢丝的人》｜大卫·阿尔蒙德

***The Tightrope Walkers*, David Almond**

故事发生在20世纪50至60年代英格兰北部，记录了一个工人家庭的少年走向成年的历程，他游走在男子气概与野性疯狂之间，挣扎于创新突破与身份定义的纠葛之中。作品既具有现实主义色彩，又充满了无限的悲悯之心。

了不起的男孩

图画书

《画纸奇遇》｜劳尔·科隆

***Draw! and Imagine!* Raúl Colón**

这本精美的无字书展示了一个热爱艺术的小男孩，凭着对绘画的热爱及非凡的想象，踏上一段奇妙旅程的故事。

《哟！嗯？》｜克里斯·拉西卡

***Yo! Yes*, Chris Raschka**

两个小男孩，一个是黑皮肤，一个是白皮肤，相遇后试探着交朋友。简短的文字和富有张力的图画精准地捕捉到了男孩身上深沉的闪光点，他们向对方敞开心扉，拥抱无限的可能。

《山姆和老虎》｜朱利叶斯·莱斯特著，杰里·平克尼绘

***Sam and the Tigers*, Julius Lester, illustrated by Jerry Pinkney**

这是一个小男孩智胜一群老虎的故事，是一首勇气和智慧的赞歌，它构思巧妙，令人欣慰。本书实际改编自《小黑人三宝》，书中主人公是一个聪明的黑

人孩子，但改编后的效果反而更好。

《蓝弟和口琴》| 罗伯特·麦克洛斯基

***Lentil*, Robert McCloskey**

本书与《让路给小鸭子》出自同一作者，一个梦想成为歌手的男孩发现自己吹口琴的天赋之后，勤学苦练，最终出现在镇上的游行表演队伍中。

《森林里度过的夏天》| 吉姆·拉马尔切

***The Raft*, Jim LaMarche**

尼基因夏天被困在奶奶家而感到闷闷不乐，后来竟陶醉于泛舟垂钓的无限乐趣以及奶奶的那种乡下人独有的智慧中。拉马尔切功底深厚的插画令人惊艳，将孩子沉浸在大自然中的快乐描绘得淋漓尽致。

中级读物

《想当女巫的男孩》| 莫莉·诺克斯·奥斯特塔格

***The Witch Boy*, Molly Knox Ostertag**

故事发生在一个刻板教条的魔法世界里，女孩是巫师，而男孩只能做变身人。13岁的男孩埃斯特想方设法寻找自己的出路，成了一个不必墨守成规但仍然强大的巫师。

科学男孩维伦系列 | 莎拉·潘尼培克

***The Waylon! books*, Sara Pennypacker**

四年级的维伦喜欢科学也喜欢发明创造，也时常体验朋友们和家庭中发生的各式各样的“爆炸”。这个关于小科学迷的作品是潘尼培克“淘气的阿柑系列”衍生出来的，有一定深度，但散发着轻松的幽默感。

《向佩里致敬》| 莱斯利·康纳

***All Rise for the Honorable Perry T. Cook*, Leslie Connor**

11岁的佩里在母亲服刑的内布拉斯加州劳教所出生长大，但当新来的典狱长强制他搬到寄养所时，他在全然陌生的环境中获得了前所未有的力量。故事充满了温暖、希望和包容。

《比以前更好的内特》| 蒂姆·费德勒

***Better Nate Than Ever*, Tim Federle**

喜欢舞台的孩子们会在这个有趣而深刻的故事里看到自己的影子：一个梦想登上百老汇舞台的小演员。你很难不被内特感人的憨态所吸引，不被他的心所牵动，直到他最终找到自己真正的命运，无论好与坏。《5、6、7和内特》《内特的期望》两本续集已出版。

《造梦的雨果》｜布莱恩·塞兹尼克

***The Invention of Hugo Cabret*, Brian Selznick**

这是一个充满了神秘感的故事，一部堪称视觉享受的作品。一个孤儿偷偷躲在巴黎火车站墙内通道里，守护着那里的钟表。随着翻页，悬念和出乎意料的情节会带给你一连串的惊喜。

青少年文学

《致埃文·汉森》（小说版本）｜瓦尔·艾米克

***Dear Evan Hansen: The Novel*, Val Emmich**

百老汇剧目被改编成小说似乎是顺理成章的事。埃文·汉森是一个没有朋友的男孩，他在寻找自我的道路上徘徊、迷茫，终因另外一个孤独者的遭遇而完成了自我觉醒。

《王子和裁缝》｜王祯

***The Prince and the Dressmaker*, Jen Wang**

这部打破常规、打破性别成见的图像小说，刻画了一个喜欢男扮女装并与一位女裁缝结下友情的王子。华美的插图与故事相得益彰。

《诚实的美国男孩》｜杰森·雷诺兹，布伦丹·基利

***All-American Boys*, Jason Reynolds and Brendan Kiely**

这本引人入胜的小说出自两位当代作家之手，由两个普通的美国男孩（一个黑皮肤，一个白皮肤）交替讲述，他们坦诚地面对着一起与种族问题相关的警察暴力事件。

《不开心的大流士》｜阿迪布·霍兰

***Darius the Great Is Not Okay*, Adib Khorran**

这是一个温情脉脉而又滑稽的故事，一个有着伊朗血统的美国男孩，自称是《星际迷航》死忠粉，他与父亲很难沟通，还被自己的外表所困扰。在一次伊朗探亲之旅中，他收获了友谊，并慢慢认识了自己。

了不起的女孩

图画书

《小恐龙的飞行医院》|茱莉亚·唐纳森著，阿克塞尔·舍夫勒绘

***A Gold Star for Zog*, Julia Donaldson, illustrated by Alex Scheffler**

这个故事以巧妙的韵律讲述了小恐龙们在龙学校学习（咆哮、喷火等）各种本领的故事。最引人注目的是龙公主，她拒绝成为一个等待拯救的忧郁少女，而是想做一名医生！

《遇见她的故事》|萨拉·奥莱莉著，朱莉·莫斯塔德绘

***This Is Sadie*, Sara O'Leary, illustrated by Julie Morstad**

赛迪是一个充满想象力的小女孩，梦想着自己能够样样精通：会飞，会讲故事，会做手工，比如用盒子做帆船，用垫子做城堡。她不只喜欢做梦，还能为梦想付诸行动。

《女孩的鼓手梦：一个女孩勇敢追逐梦想的真实故事》|玛格丽塔·恩格尔著，拉斐尔·洛佩兹绘

***Drum Dream Girl: How One Girl's Courage Changed Music*, Margarita Engle, illustrated by Rafael López**

在古巴，女孩是不该打鼓的，但是这个一心想成为鼓手的女孩可管不了那么多。女孩在现实中的原型就是米洛·卡斯特罗·扎尔达里亚加，一个努力挣脱传统桎梏、追求鼓手梦想的中非混血古巴女孩。

《电影制作人小夏洛特》|弗兰克·维瓦

***Young Charlotte, Filmmaker*, Frank Viva**

维瓦这位著名的《纽约客》艺术家和图画书作家，讲述了一个想拍黑白电影的女孩的故事。当她在现代艺术博物馆遇到电影策展人斯嘉丽时，机会降临了。这本关于视觉艺术的书讲述的是对梦想的执着和对猫咪的爱。

《穿毛衣的小镇》|麦克·巴内特著，乔恩·克拉森绘

***Extra Yarn*, Mac Barnett and Jon Klassen**

在这个神奇的现代童话故事中，一个女孩用特殊的毛线为单调的小镇增添了许多色彩，还成功挫败了邪恶公爵的阴

谋。故事透露着古灵精怪和幽默感。诺顿·贾斯特的《可恶的食人魔》与其有异曲同工之趣，朱尔斯·费弗为其绘制插图，讲述的也是女主人公与野兽斗智斗勇的故事。

中级读物

故事里没有王子系列 | 杰里米·惠特利

***The Princeless books*, Jeremy Whitley**

这些充满了动作元素的图像小说，刻画了一位厌倦皇室身份、凭一己之力来掌控人生的深色皮肤的公主，非常成功地消除了人们对童话故事里公主消极、爱美、花痴的刻板印象。

《疯狼之女》 | 黛安娜·马格拉斯

***The Mad Wolf 's Daughter*, Diane Magras**

这部小说以中世纪的苏格兰为背景，讲述了一个聪明、活泼的女孩历尽千难万险，穿越林海和城镇，从绑匪手里救出父亲和兄弟的故事。它告诉我们，无论何时何地，女性的聪明才智足以让她们独当一面。

《小间谍哈瑞特》 | 路易斯·菲兹修

***Harriet the Spy*, Louise Fitzhugh**

关于了不起的哈瑞特，还需要多说些什么呢？这个爱记笔记的不同凡响的女孩的故事，仍然是那些充满好奇心、独立思考的孩子和初出茅庐的小读者们的必读之物。

《狼群中的朱莉》 | 珍·克雷赫德·乔治

***Julie of the Wolves*, Jean Craighead George**

喜欢大自然和冒险故事的孩子（和成年人）一定会为这个经典故事激动不已的。一个因纽特女孩在北极荒野中迷路，在与群狼慢慢熟悉和交流中，她最终活了下来。朱莉是儿童文学作品中最令人难忘的女主人公之一。

青少年文学

《这不是告别》 | 蓝波·罗威

***Eleanor & Park*, Rainbow Rowell**

这本畅销书讲述了一个一头红发的假小子和一个韩国越南混血男孩之间发生的故事。男孩对漫画和化妆的兴趣使他跟热爱运动的家人产生龃龉。这个引人入胜的故事背景设定在20世纪90年代，赞美了那些时常感到格格不入的孩子之间发生的友情。

《安雅的幽灵朋友》｜维拉·布罗斯格

***Anya's Ghost*, Vera Brosgol**

这是一部讲述少女和幽灵的杰出图像小说。安雅是一个俄罗斯移民，她总因自己“外来者”的身份感到局促不安。起初她结识了一个貌似十分友好的幽灵朋友，但这个朋友未必像她想象中的那样友好。

《我还活着》｜凯特·马歇尔

***I Am Still Alive*, Kate Marshall**

在这部险象环生的小说中，十几岁的女主人公被困于加拿大荒野，身边只有一只狗狗陪伴。面对来自周遭的威胁——包括杀害她父亲的暴徒，她身上蕴藏的力量和智慧前所未有地爆发了。你会被故事深深吸引，一口气读下来，为女孩的遭遇而愤愤不平。

《这个夏天》｜玉城真理子著，玉城吉莉安绘

***This One Summer*, Jillian Tamaki and Mariko Tamaki**

这是一部不可多得的斩获凯迪克荣誉奖的图像小说，是一个适合青少年阅读的复杂情感故事。一个内心细腻而敏感的女孩来到自家的夏日度假地，但就在那个夏天，她的人生轨迹发生了翻天覆地的变化，不仅父母之间争吵不断，当地少年的举动也暗藏凶险。

历史与传记

图画书

《热爱数学的男孩：保罗·厄尔多斯不可思议的一生》｜黛博拉·海利格曼著，范雷韵绘

***The Boy Who Loved Math: The Improbable Life of Paul Erdös*, Deborah Heiligman, illustrated by LeUyen Pham**

那些学习时难以集中精力的孩子，以及那些不敢想象自己在学业上会有所成就的孩子，一定会被这位著名数学家的图画传记所吸引。天才有很多表现形式，但在早期未必能够被老师和家长发现并挖掘。

《弗雷德里克·道格拉斯：书写历史的狮子》｜沃尔特·迪恩·迈尔斯著，弗洛伊德·库珀绘

***Frederick Douglass: The Lion Who Wrote History*, Walter Dean Myers, illustrated by Floyd Cooper**

这本图文并茂、文笔优美的传记图画

书，向年幼的孩子们介绍了道格拉斯的生平以及奴隶制的渊源，重点讲述了道格拉斯通过阅读和学习为自己和他人的自由而奋斗的事迹。

《刚果广场的自由盛会》｜卡罗尔·波士顿·韦瑟福德著，R. 格雷戈里·克里斯蒂绘

***Freedom in Congo Square*, Carole Boston Weatherford, illustrated by R. Gregory Christie**

路易斯安那州的奴隶们日夜劳作，为的是能够换来在新奥尔良刚果广场上半日的自由。周日那天，他们尽情地演奏音乐、唱歌、跳舞、一起吃饭。这部囊括多项大奖的诗体作品将欢庆场面生动再现。

《我有一个梦想》｜马丁·路德·金著，卡迪尔·尼尔森绘

***I Have a Dream*, Dr. Martin Luther King Jr., illustrated by Kadir Nelson**

尼尔森的插图堪称一幅幅精美绝伦的油画。为了更好地衬托金博士的著名演讲，他选择使用了更为简洁、具有说明性的线条。气势磅礴的画面与鼓舞人心的文字相得益彰。

《驭风少年》｜威廉·坎宽巴、布赖恩·米勒著，伊丽莎白·祖农绘

***The Boy Who Harnessed the Wind*, William Kamkwamba and Bryan Mealer, illustrated by Elizabeth Zunon**

这是根据坎宽巴的畅销回忆录改编而成的图画书。坎宽巴14岁时探索出风车发电的技术，让自己贫穷的家乡马拉维村通上了电。同样值得推荐的还有艾伦·德拉蒙德的《能源岛》，讲述的是丹麦萨姆索岛居民众志成城、在岛上推广风力发电的故事。

《极地重生：沙克尔顿南极史诗之旅》｜威廉·格利尔

***Shackleton's Journey*, William Grill**

这本适合7岁以上儿童阅读的非虚构图画书，内容可谓蔚为壮观。它通过文字叙述、怀旧插图、地图、图表等多种形式，将这位南极探险家传奇的生活和成就生动地展现了出来。

《发光的孩子》｜杰瓦卡·斯特普托

***Radiant Child: The Story of Young Artist Jean-Michel Basquiat*, Javaka Steptoe**

斯特普托的这部充满艺术气息的作品描绘了海地/波多黎各青年艺术家让·米切尔·巴斯奎特的早年生活和成名道

路，书中处处流露着巴斯奎特本人的创作风格和激情。还有更多杰出艺术家的传记作品也值得关注。

《高空走索人》｜莫迪凯·葛斯坦

***The Man Who Walked Between the Towers*, Mordecai Gerstein**

这个赢得凯迪克大奖的故事描绘了一个在世贸中心双子塔之间走钢丝的人——菲利普·帕特。他勇敢迈出的每一步都惊心动魄，无论哪个年龄段的读者都会为他捏一把汗。

《鲁思·贝德·金斯伯格大法官》｜约拿·温特著，史黛西·奈斯特绘

***Ruth Bader Ginsburg: The Case of R.B.G. vs. Inequality*, Jonah Winter, illustrated by Stacy Innerst**

目前关于鲁思·贝德·金斯伯格大法官的传记图画书数不胜数，但这部作品以其叙述重点突出、艺术水准卓越而著称。针对不同年龄读者创作不同的纪实作品，在这一方面多产作家温特做得恰到好处，无人能比。

《海伦·凯勒的大世界》｜多琳·拉帕波特著，马特·塔瓦雷斯绘

***Helen's Big World: The Life of Helen Keller*, Doreen Rappaport, illustrated by Matt Tavares**

以海伦·凯勒为创作灵感的作品有很多，出色作品也不少，但这本书凭借其令人震撼的超大特写画面、强烈的情感冲击力而出类拔萃。“名人名言系列”中的每一本书都将传记人物原著中的原话精心编织到文本中，浑然一体，不着痕迹。

章节书/中级读物

《泰坦尼克号：灾难发出的声音》｜黛博拉·霍普金森

***Titanic: Voices from the Disaster*, Deborah Hopkinson**

许多儿童读物都讲述了这场灾难，而这部出自才华横溢的霍普金森笔下的作品，以目击者和幸存者为叙述视角，使得故事更为生动、丰满。它无疑为孩子们探寻历史真相搭建了一座完美的桥梁。

《原子弹的故事》｜史蒂夫·沙因克因

***Bomb: The Race to Build—and Steal—The World's Most Dangerous Weapon*, Steve Sheinkin**

这本关于国际原子弹军备竞赛的图书称得上是沙因克因最好的作品了。它会让那些对军事、战争、历史和科学题材感兴趣的孩子沉迷其中，也许还会让对此不感冒的孩子生出兴趣。作者娴熟的纪实性叙事手法不得不让人折服。

《阿米莉娅·埃尔哈特：消失在太平洋上空的传奇》｜坎迪斯·弗莱明

***Amelia Lost: The Life and Disappearance of Amelia Earhart*, Candace Fleming**

美丽、勇敢的埃尔哈特和她悲壮的结局让人刻骨铭心。弗莱明的每部作品均属上乘之作，这部作品以其精准的史料、客观的评判（埃尔哈特也非圣人）以及贯穿始终的精美插图而著称，是所有描写这位女飞行先驱的作品中的佼佼者。

《林肯的图像传记》｜罗素·弗里德曼

***Lincoln: A Photobiography*, Russell Freedman**

为适合年轻人阅读，弗里德曼运用大量照片再现历史，这种手法实属首创。这部荣获纽伯瑞金奖的作品从多方面展现了林肯的伟大形象。它虽然是学校指定必读书目，可你千万不要因此而失去兴趣，它可是一本妙趣横生的图书。还有几本林肯传记也值得一读：玛拉·卡尔曼的《注视林肯》，黛博拉·霍普金森与约翰·亨德里克斯合著的《小亚布拉罕渡过了一条小溪》。

《密谋刺杀希特勒：迪特里希·朋霍费尔的故事》｜帕特里夏·麦考密克

***The Plot to Kill Hitler: Dietrich Bonhoeffer: Pastor, Spy, Unlikely Hero*, Patricia McCormick**

这部考据翔实的作品既顾全了史料的准确性，又确保了叙事的趣味性，绝对是一本让你爱不释手的书。这位抨击纳粹罪行的年轻牧师的故事会让你感受到历史的耻辱，也会让你为正义而欢呼。孩子们喜欢这种与强权、欺凌做斗争的故事，因而还可以推荐：约翰·亨德里克斯为朋霍费尔创作的杰出图像传记《忠诚的间谍》和菲利普·胡斯的《挑战希特勒的男孩们》。

《战无不胜的吉姆·索普和印第安人橄榄球队》｜史蒂夫·沙因克因

***Undefeated: Jim Thorpe and the Carlisle Indian School Football Team*, Steve Sheinkin**

一支不被看好的球队成功逆袭，这样的故事谁不喜欢呢？尤其是这个故事将印第安人被忽视已久的成就——发明现代橄榄球以及他们所遭受的不公平待遇公之于众。沙因克因的作品曾获得非虚构儿童图书类的所有奖项，广受赞誉，这本书便是一个有力的证明。

《幸存者俱乐部：一个年幼的奥斯威辛囚犯的真实故事》｜迈克尔·博恩斯坦、黛比·博恩斯坦·霍林斯特

***Survivors Club: The True Story of a Very Young Prisoner of Auschwitz*, Michael Bornstein and Debbie Bornstein Holinstat**

这是迈克尔在女儿黛比的帮助下写的一

部回忆录，记录了在奥斯威辛集中营中幸存下来的一个犹太家庭的故事。集中营解放时，迈克尔只有4岁。这个真实的故事描写细腻、抚慰人心，具有小说的叙事风格。

《幸子：长崎原子弹爆炸幸存者的故事》| 卡伦·斯特尔森

***Sachiko: A Nagasaki Bomb Survivor's Story*, Caren Stelson**

当长崎原子弹爆炸时，幸子只有6岁，她的兄弟、朋友和其他家人无一幸免。这个非同寻常的真实故事，以直接而温暖的笔调，从个人的视角再现了核战争的恐怖，也展现了人们在灾难中艰难求生的勇气。

《小领袖：历史上勇敢的黑人女性》| 瓦什蒂·哈里森

***Little Leaders: Bold Women in Black History*, Vashti Harrison**

在众多励志女性的传记简编中，这本记录了40位杰出女性的图书尤为出色，书中包括索杰纳·特鲁斯和哈里特·塔布曼等知名人物，以及一些鲜为人知的人物，从运动员到军事领袖，形形色色。插图十分可爱，故事中描绘的女性都十分强大。

青少年文学

《黑与白的奇迹》| 蒂姆·克罗瑟斯

***The Queen of Katwe*, Tim Crothers**

这是一个真实的励志故事，讲述的是从乌干达贫民窟中崛起的一位国际象棋女冠军的故事。这是一本成人图书，但也适合稍大一些的青少年阅读。根据此书改编的电影同样精彩，适合13岁以上女孩观看。

《震撼世界的奇女子》| 佩内洛普·巴吉

***Brazen: Rebel Ladies Who Rocked the World*, Pénélope Bagieu**

这是一部来自法国的图像小说，一部言简意赅的漫画风格的女性传记，记录的是世界上那些坚持走自己的路并为自己坚定的信念而奋斗的女中豪杰，如姆明一家形象的创作者托芙·扬松、宇航员梅·杰米森等。

《我是马拉拉》| 马拉拉·优素福扎伊

***I Am Malala*, Malala Yousafzai**

获得诺贝尔奖的马拉拉已经成为全世界维护人权的典范，在这部回忆录中，她叙述了自己快乐的童年以及为女性争取受教育权利和遭受塔利班袭击的经历。这个不可思议的故事连同她清晰、有力的话语将会一直在人们心头回响。

《文森特和提奥》｜黛博拉·海利格曼

***Vincent and Theo: The Van Gogh Brothers*, Deborah Heiligman**

这部信息丰富、充满了同情心的作品，借用凡·高写给提奥的许多书信讲述了兄弟两人之间相互交织的生活以及血浓于水的亲情。

《高高站起的女孩》｜塔尼娅·李·斯通

***Girl Rising: Changing the World One Girl at a Time*, Tanya Lee Stone**

这部让人眼前一亮、大开眼界的超大版式的作品，收录了大量的照片，讲述的是为世界各国女孩们争取平等教育机会的故事。有一部同名纪录片，但它们相对独立，各具特色。

《南北战争中的间谍艾玛·埃德蒙兹的精彩故事》｜西摩·赖特

***Behind Rebel Lines: The Incredible Story of Emma Edmonds, Civil War Spy*, Seymour Reit**

这是一本描写历史的作品，却像小说一样扣人心弦。艾玛·埃德蒙兹剪掉秀发，穿上男装，参加联邦军队，打入敌人后方，成了一名勇敢而有价值的间谍。

《三月》三部曲｜约翰·刘易斯、安德鲁·艾丁著，纳特·鲍威尔绘

***The March Trilogy*, Rep. John Lewis and Andrew Aydin, illustrated by Nate Powell**

在这部震撼人心的书中，美国民权运动伴随着刘易斯议员的人生故事轰轰烈烈地展开。故事跌宕起伏，充满了戏剧性，也充满了振奋人心的信念——年轻人可以改变这个世界。

《地上的靴子：越南战争》｜伊丽莎白·帕特里奇

***Boots on the Ground: America's War in Vietnam*, Elizabeth Partridge**

参加越南战争的主要是青少年或刚刚成年的孩子们，而领导反战抗议活动的往往也是年轻人，这一点在这部收录了大量照片的作品中展示得清清楚楚。它向我们揭示了残酷的战争让社会和国家动荡不安这一主题。

《被淹没的城市：卡特里娜飓风中的新奥尔良》｜唐·布朗

***Drowned City: Hurricane Katrina and New Orleans*, Don Brown**

这是一部描绘卡特里娜飓风及其造成的灾难的图像作品，触目惊心，发人深

省，它所展现的救援人员的英雄气概又让人热血沸腾。

《成为玛丽亚》｜索尼娅·曼扎诺

***Becoming Maria*, Sonia Manzano**

曼扎诺是率先打入主流电视圈的一位拉丁裔美国人，这部文笔优美的作品是她的人生写照，是她生活的那个年代的一部编年史。她的表演天赋在充满了各种挑战的童年时期慢慢显露，在进入大学后大放异彩。我们禁不住为化茧成蝶的曼扎诺欢呼喝彩。

《贝芙莉·克莱瑞的回忆录：一个来自山岭的女孩》｜贝芙莉·克莱瑞

***A Girl from Yamhill*, Beverly Cleary**

这是一位深受我们爱戴的作家的回忆录，是她塑造了雷梦拉和亨利·哈金斯两个人物形象及其系列故事。回忆录以清晰的思路，并不伤感的口吻，讲述了大萧条时期一个并不被人们看好的俄勒冈女孩的成长经历。书迷们会在她的经典童书中找到这本书中的一些情节。

自然与科学

图画书

《火车头》｜布莱恩·弗洛卡

***Locomotive*, Brian Floca**

这是一部讲述火车发展沿革的出色作品，刻画细致入微，考据详尽透彻，正因为如此，它成了一部老少咸宜的经典佳作。弗洛卡还创作了另外几部伟大的作品：描绘了灯塔般的轮船的《灯船》，以及讲述太空旅行的《登月》。

《我……有梦》｜帕特里克·麦克唐奈

***Me . . . Jane*, Patrick McDonnell**

这本图画书讲述的是灵长类动物学家兼活动家珍·古道尔的生平故事，是非常适合儿童阅读的非虚构类图书之一。最后一页肯定会让人禁不住流下惊喜的眼泪——至少成年读者会这样！

《倒立中的动物》｜史蒂夫·詹金斯，罗宾·佩奇

***Animals Upside Down*, Steve Jenkins and Robin Page**

史蒂夫·詹金斯的作品往往与他的妻子

罗宾·佩奇携手创作，通过引人入胜而独具特色的插图来展现迷人的动物世界。另外我们也强烈推荐《扇贝的眼睛在哪里》《大熊猫为什么长了黑眼圈》和《一秒有多长》。

《生命的故事》|维吉尼亚·李·伯顿

***Life Story*, Virginia Lee Burton**

这是最早将进化论的神奇与壮观以图画书的形式描绘出来的作品之一。自1962年出版以来，这部经典作品一直跟随科学发展而更新，但最重要的是，它对待生命这一问题的导向是正确的：让小孩子们知道他们的生命是如何进入人类以及宇宙这一浩瀚的历史画卷的。这是一部奇迹之作。

《大峡谷》|陈振盼

***Grand Canyon*, Jason Chin**

本书介绍了世界上最宏伟的自然奇观之一，堪称一场视觉盛宴、一部科学杰作。它信息量丰富，内有大张折叠全景插页、地图以及其他吸引读者的细节。总之，它具有优秀科普图画书的所有品质。

《河马宝宝与乌龟爷爷的真实故事》和《塞西尔的荣耀：狮子王的真实故事》|伊莎贝拉·哈特科夫，加里·哈特科夫

***Owen and Mzee: The True Story of a Remarkable Friendship* and *Cecil's Pride: The True Story of a Lion King*, Isabella Hatkoff and Gary Hatkoff**

这些影像图画书讲述的是野生动物的适应力与恢复力的真实故事。欧文，一只在2004年海啸中失去双亲的河马宝宝，被130岁的巨型乌龟姆泽爷爷收养。塞西尔是一只被美国游客残忍杀害的有名雄狮，在他死后，他的前对手杰里科把塞西尔的幼崽当作自己的孩子抚养长大。

《与法拉隆群岛的大白鲨一起狩猎》|凯瑟琳·罗伊

***Neighborhood Sharks: Hunting with the Great Whites of California's Farallon Islands*, Katherine Roy**

这本书描绘的不仅仅是鲨鱼，还有野生动物保护区和将毕生精力都投入到那里的科学家们。罗伊将实地考察的收获都呈现在了这部精心渲染的艺术作品中，鲨鱼凶猛可怕，令人毛骨悚然。

《微生物：看不见的魔术师》|尼古拉·戴维斯著，艾蜜莉·萨顿绘

***Tiny Creatures: The World of Microbes*, Nicola Davies, illustrated by Emily Sutton**

我们敢打赌，你的孩子拿到这本书后一定不忍释手，一读再读，不管他们的第

一反应是“酷”还是“恶心”！这是一本关于微生物的故事，书的设计充满了奇思妙想，科学知识竟然可以通过如此富有创意的非传统方式呈现出来。天赋异禀的戴维斯还有许多作品同样值得推荐。

《雪上，雪下》｜凯特·梅斯纳著，克里斯托弗·赛拉斯·尼尔绘

***Over and Under the Snow*, Kate Messner, illustrated by Christopher Silas Neal**

啊，大自然的宁静之美！没有什么能比安安静静地同时观察地上、地下，水上、水下两个平行而共生的自然世界更让人心生敬畏的了。书中资料翔实，画中氛围静谧。《池塘上，池塘下》是两位作家联袂创作的另一作品。

《蛇》｜尼克·毕肖普

***Snakes*, Nic Bishop**

这部摄影作品出自一位童书作家、自然摄影大师之手，它面向爬行动物爱好者，或许会让普通人感到毛骨悚然。毕肖普对动物近距离的观察，让孩子们对这些经常被误解的生物的奇特解剖结构和可怕行为有了更直观更真实的了解。毕肖普的其他精彩摄影作品也值得关注。

《我知道天上的星星有几颗！》｜塞斯·菲斯曼著，伊莎贝尔·格林伯格绘

***A Hundred Billion Trillion Stars*, Seth Fishman, illustrated by Isabel Greenberg**

即使是最讨厌数学的孩子也会被书中那些不可思议的等式所吸引（例如，70亿人和10千万亿蚂蚁的体重相等）。数学和空间同属天体物理学研究的领域，本书将这两门学科巧妙地融合在了一起，让小读者在感叹宇宙之神奇的同时还能轻松地理解个中道理。

中级读物及青少年文学

《黑死病的恐慌》｜盖尔·贾罗

***Bubonic Panic*, Gail Jarrow**

啊，真令人作呕，可这恰恰是它的趣味所在！喜爱科学、医学和奇闻逸事的读者定会喜欢上这种“饶有风味”的元素，《国家地理》杂志和吉尼斯世界纪录的忠实粉丝们自然也会被它完美的非虚构叙事手法所吸引。同一系列中的《致命高烧：追踪伤寒玛丽》也值得一看。

《一场义无反顾的北极救援》｜马丁·W. 桑德勒

***The Impossible Rescue: The True Story of an Amazing Arctic Adventure*, Martin W. Sandler**

这个扣人心弦的故事讲述的是一个受

命于美国总统威廉·麦金利的三人团队前往阿拉斯加极寒地带，营救被困在方圆2400多公里寒冰中的捕鲸船的经历。这个险象环生的北极冒险故事是《极地重生：沙克尔顿南极史诗之旅》的姊妹篇。

《万物运转的秘密》｜大卫·麦考利

***The Way Things Work*, David Macaulay**

这本如咖啡桌般大小的经典图书一直在不断更新，在各个方面都无可挑剔。麦考利简直就是一位魔术大师，从简单的拉链到洗衣机再到微处理器，无论什么样的工程技术，无论技术多么复杂，经他细致描绘，一切都变得简单易懂。

太空猫系列｜多米尼克·瓦里曼

***Professor Astro Cat books*, Dominic Walliman**

为什么猫就不能当科学教授呢？这个系列的图书由一位量子计算机专家编写，并以20世纪中叶的风格绘制，围绕着一只酷感十足的猫徐徐展开。它们将科学概念分解成易于理解的内容，引领着孩子们在太空、原子科学和人体的奇妙世界中遨游。

《她们开启了核时代：不该被遗忘的伊雷娜·居里和莉泽·迈特纳》｜威妮弗雷德·康克林

***Radioactive! How Irène Curie and Lise Meitner Revolutionized Science and Changed the World*, Winifred Conkling**

当今关于女性科学家的作品可谓风靡一时，这两位女性的传记实属此类作品中的翘楚。这两位女性生前都未得到应有的认可，但现在，她们的英名将永垂不朽。

“科学漫画”系列｜讲漫书社（First Second Books）的几位签约作家

***Science Comics*, Various authors from First Second Books**

是的，该系列作品的标题就是“科学漫画”，搜索或向图书管理员、书商咨询这个名字即可。它会把你带到一个色彩缤纷的科普图像世界，幽默风趣，充满可爱的元素，很适合儿童阅读。其中《火山》《狗》和《瘟疫》最为优秀，值得推荐。

《灵长类动物世界中的无畏探索者：珍·古道尔、黛安·福西和比鲁特·高迪卡》｜吉米·奥塔维亚尼，玛丽丝·威克斯

***Primates: The Fearless Science of Jane Goodall, Dian Fossey, and Biruté Galdikas*, Jim Ottaviani and Maris Wicks**

这是《漫画费曼》作者创作的另外一部

作品，由三部分组成，讲述的是灵长类动物学界三大巨擘的故事，通俗易懂，构思巧妙，略有虚构。这本历史传记将激励着年轻一代的科学家们奋勇前行。推荐阅读玛丽丝 · 威克斯的另外一部出色作品《人体剧场》。

《像发明家一样去思考》|坦普 · 葛兰汀

***Calling All Minds: How to Think and Create Like an Inventor*, Temple Grandin**

这部作品充满了令人震撼的事实和感人的故事。这位患有孤独症的著名科学家兼发明家在书中为孩子们指点迷津：她满怀激情地鼓励孩子们用创造性的、科学的眼光来观察世界。

《物种起源》（青少年版本）|丽贝卡 · 斯泰福改编

***The Origin of Species: Young Readers Edition*, adapted by Rebecca Stehoff**

这一超大开本的图书改编自查尔斯 · 达尔文的经典科学巨著，书中运用了大量照片、科学图解和其他引人入胜的视觉形式，文字通俗易懂，还附带了一些诸如对进化论的现代误读等话题的注释。

《从福尔摩斯到DNA的法医科学故事》|布丽吉特 · 霍斯

***Blood, Bullets, and Bones: The Story of Forensic Science from Sherlock Holmes to DNA*, Bridget Heos**

法医学重新流行起来，越来越多的学校将它纳入自己的课程体系中。对年轻人来说，这本书可称得上是一部优秀的纪实版《犯罪现场调查》。

《腐烂的动物：全新视角看路杀》|希瑟 · L. 蒙哥马利

***Something Rotten: A Fresh Look at Roadkill*, Heather L. Montgomery**

书中讲述一位野生动物专家的发现之旅。她发现越来越多的动物在高速公路上毙命，还发现动物的尸体越来越多地被用于科学研究和其他用途。这是一部引人入胜，让人大开眼界的作品，即使是兴趣寡然的读者也会被它的书名所吸引。

《濒危动物》《受到威胁的动物》《获救的动物》《失去父母的动物》|艾略特 · 施勒费尔

***Endangered, Threatened, Rescued and Orphaned*, Eliot Schrefer**

这些作品讲述的是倭黑猩猩、黑猩猩、猩猩和大猩猩的虚构故事，不过，随着惊心动魄的情节逐渐展开，我们也从一个全新的视角窥见了灵长类动物的真实世界和人类带给它们的威胁。

《隐藏的人物》（青少版）| 玛格特·谢特利

***Hidden Figures: Young Readers Edition*, Margot Shetterly**

这是谢特利的一部成人畅销书的青少版，讲述的是美国国家航空航天局的四位非裔美国女数学家的故事，她们在恶劣环境下将太空计划向前推进。读完这本书，你一定会备受鼓舞，也会被她们的故事所深深吸引。

《坦普尔·葛兰汀：一个改变了世界的孤独症女孩》| 赛·蒙哥玛丽

***Temple Grandin: How the Girl Who Loved Cows Embraced Autism and Changed the World*, Sy Montgomery**

葛兰汀是一位杰出的科学家、发明家和活动家，本书探索了她独特的精神世界，展示了她一次又一次取得的突破，并阐明了孤独症的利害。

《睁大眼睛》| 保罗·弗莱施曼

***Eyes Wide Open*, Paul Fleischman**

本书不仅对自然环境所面临的迫在眉睫的威胁进行了详尽的介绍，还为甄别关于环境问题有利和不利的信息及解决办法提供了实用的指南。

历史小说

图画书

《寻找维尼》| 琳赛·马蒂克著，索菲·布莱克尔绘

***Finding Winnie*, Lindsay Mattick, illustrated by Sophie Blackall**

这部荣获凯迪克金奖的作品勾画出了几代人之间的情感纽带，它从一位母亲睡前给儿子讲述她祖父的故事这一情景徐徐展开——她的祖父恰恰是那位驯养了一只熊的士兵，而这只熊则是家喻户晓的小熊维尼的原型。

《祖父的旅程》| 艾伦·塞伊

***Grandfather's Journey*, Allen Say**

这是一个感人至深的移民故事，讲述的是塞伊的日裔美籍祖父漂泊不定的一生以及他对自己生活过的两个国家的眷恋之情，让人久久难以忘怀。作者绘画技

艺炉火纯青，故事饱含了全人类所共有的炙热情感。

《幸运者莱夫》| 英格丽·多莱尔，埃德加·佩林·多莱尔

***Leif the Lucky*, Ingri and Edgar Parin d'Aulaire**

这部20世纪40年代的作品再现了幸运者莱夫横跨大西洋的历程。莱夫是红发埃里克——首位航行到美洲的北欧人的儿子。故事读起来就像一部跌宕起伏的历险记，书中的每一页都是一幅精美绝伦的不朽画作，让你急于往后翻看的同时又流连其中。

《汽船上的学校》| 黛博拉·霍普金森著，罗恩·哈斯本德绘

***Steamboat School*, Deborah Hopkinson, illustrated by Ron Husband**

故事发生在1840年，当时小詹姆斯和他的家人都是生活在密苏里州的自由黑人。但该州后来通过了一项法令，禁止所有黑人接受学校教育。詹姆斯的老师得知后义愤填膺，便将学校搬到了密西西比河上的一艘汽船上。詹姆斯得以在知识的海洋中自由畅游，正如正在读这本书的小读者们那样。

《普鲁士的土豆王》| 克里斯托夫·尼曼

***The Potato King*, Christoph Niemann**

这个故事让我们瞥见了历史传说中那精彩有趣的一刻：聪明的普鲁士国王弗雷德里克说服了不情愿的臣民们吃土豆！这是一部轻松愉快的作品，部分图画是由土豆印制出来的！

《园丁》| 萨拉·斯图尔特著，戴维·斯莫尔绘

***The Gardener*, Sarah Stewart, illustrated by David Small**

一幅幅迷人的画面，一封封充满童趣的书信，带领大家走进这个发生在大萧条时期的感人故事。莉迪亚·格蕾丝不得不离开自己心爱的花园，搬到城里与做面包的叔叔住在一起。她最终用自己亲手种的鲜花和一颗包容的爱心，让这个落败萧条的世界重新焕发出光彩。

《奥斯卡收到的八个祝福》| 理查德·西蒙、谭雅·西蒙著，马克·西格尔绘

***Oskar and the Eight Blessings*, Richard and Tanya Simon, illustrated by Mark Siegel**

在大屠杀中家破人亡的男孩奥斯卡，只身从欧洲来到纽约，那是圣诞前夜。当他沿街寻找阿姨的住所时，受到了热心的陌生

人的欢迎。

《维多利亚女王的沐浴机》|格洛丽亚·惠兰著，南希·卡彭特绘

***Queen Victoria's Bathing Machine*, Gloria Whelan, illustrated by Nancy Carpenter**

怎样才能避免臣民们偷窥到维多利亚女王游泳时的样子呢？在这个基于真实故事改编的诗体作品中，阿尔伯特亲王发明了一个奇妙的装置——女王站在沐浴机里面，然后被推到海里。

《城堡上空的鹰》|丹娜·史密斯著，巴格拉姆·伊巴图林绘

***The Hawk of the Castle: A Story of Medieval Falconry*, Danna Smith, illustrated by Bagram Ibatoulline**

这本可爱俏皮的图画书讲述了一个女孩跟父亲——一位生活在富裕庄园里的猎鹰高手学习猎鹰本领的故事。它将中世纪英格兰人的日常生活细节以及狩猎的基本知识描绘得淋漓尽致。

章节书/中级读物

《飞翔的埃斯佩兰萨》|帕姆·穆后奥斯·赖安

***Esperanza Rising*, Pam Muñoz Ryan**

在这部以经济大萧条为背景的小说中，一个出身富裕的墨西哥女孩与家人被迫离开家乡，逃往加利福尼亚，开始了艰苦的农场生活。小说向我们开启了一扇管窥美国西部生活和劳工历史的窗口，充满了诗情画意，也充满了人间温情。

《十岁那年》|赖清河

***Inside Out & Back Again*, Thanhha Lai**

这是一本诗体成长小说，灵感来自作家自己在越南战争后从西贡逃难的童年往事。它所展示的不仅是人生的伤痛，还有接受变故的勇气，催人泪下的同时却又出乎意料地滑稽有趣。

《一名女水手的自白》|艾非

***The True Confessions of Charlotte Doyle*, Avi**

故事发生在1832年，13岁的陶雪洛必须从英格兰返回到罗得岛的家中，她是船上唯一的女性。船上处处暗藏凶险，最终船员们倒戈叛变。故事情节惊险刺激，悬念丛生，历史细节穿插其中，更加引人入胜。艾非另外一部同样令人信服的作品《索菲娅的战争：革命的传奇故事》也值得一读。

《橱柜里的女孩》| 金伯利·布鲁巴克·布拉德利

***The War That Saved My Life*, Kimberly Brubaker Bradley**

一个名叫艾达的女孩因为跛脚而被母亲关在家中，当第二次世界大战爆发时，她跟着弟弟偷偷跑了出来，被一个善良的女人收留，这位善良的女人在战火硝烟中教会了她如何生活。故事悬念迭起，催人泪下。它的续集《画窗帘的女孩》同样扣人心弦，艾达面临的将是一个充满无限可能性的未来。

《女孩的进化史》| 杰奎琳·凯利

***The Evolution of Calpurnia Tate*, Jacqueline Kelly**

故事发生在19世纪和20世纪之交，主人公是一个活泼可爱的女孩，她醉心于大自然以及达尔文的《物种起源》，这在当时算是一个有着较新理念的学说。

《奔跑的少年》| 克里斯托弗·保罗·柯蒂斯

***Elijah of Buxton*, Christopher Paul Curtis**

11岁的伊莱贾住在加拿大的一个专为逃亡奴隶设置的定居点里，为了洗清自己莫须有的罪名，他必须要战胜自身的恐惧，勇敢地跨过那道边境。小说生动有趣，处处体现着柯蒂斯标志性的幽默以及敏锐捕捉少年独特声音的能力。

《数星星》| 洛伊丝·劳里

***Number the Stars*, Lois Lowry**

劳里的作品真是无人能够超越！这次她讲述的是一个“二战”大屠杀期间10岁丹麦女孩协助家人营救自己的犹太好朋友一家人的故事。在悲怆的氛围中，我们依然能够感受到丹麦人民在抵抗中所表现出来的英雄气概。

《星期三的战争》| 加里·施密特

***The Wednesday Wars*, Gary D. Schmidt**

在1968年越南战争的阴霾下，这位长岛少年该如何度过自己的高中生活呢？小说细致入微地讲述了一个在政治动荡和社会变革时代中寻找个人良知的故事。

《帕克的遗产》| 瓦里安·约翰逊

***The Parker Inheritance*, Varian Johnson**

在南卡罗来纳州的一间阁楼里，一个女孩发现了几封祖母遗留下来的信件，内容暗示着几十年前——民权运动之前——一起严重的种族歧视事件，于是她追根溯源，试图解开个中谜团。这个故事深受《威斯汀游戏》的启发，情节迂回曲折，扣人心弦。

青少年文学

《链条》《铸造》《灰烬》（美国种子系列）｜劳丽·哈尔斯·安德森

***Chains, Forge,* and *Ashes* (*The Seeds of America Trilogy*), Laurie Halse Anderson**

这个系列的作品讲述的是三个十几岁女奴在美国大革命期间（18世纪后半叶）争取人身自由的故事，考据翔实，感人至深。读完三部作品，在你拍案叫绝的同时还会禁不住地感慨：像这样优秀的描写美国早期历史的纪实性小说，适合青少年们阅读的能有多少呢？安德森另外一部扣人心弦的作品《黄热病1793》，讲述的是黄热病肆虐费城的故事，同样值得推荐。

《致命》｜朱莉·奇巴罗

***Deadly,* Julie Chibbaro**

这是一部日记体的惊险医学小说，改编自玛丽·马龙（又名“伤寒玛丽”）的真实故事。日记主人是16岁的普鲁登丝·加勒维斯基，一名居住在廉租公寓的犹太人，在一种神秘疾病肆虐整个纽约城的时候，她也未能幸免。比起完成学业，她更关心科学教育。她的故事融入鲜明的历史背景之中，愈加引人入胜。

《薇芮蒂的自白》｜伊丽莎白·韦恩

***Code Name Verity,* Elizabeth Wein**

这本历史小说呈现了“二战”期间两位年轻女子——一个间谍和一个飞行员之间的亲密友谊。它的复杂程度堪比任何一本成人小说，但完全适合有抱负的青少年阅读。这是一部杰出的历史作品，同时也是一部将女性友谊描写得十分精准的作品。

《林中奔跑者》｜盖瑞·伯森

***Woods Runner,* Gary Paulsen**

故事发生在殖民地时期的美国，战争已如箭在弦，一触即发。13岁的塞缪尔是一个生活在宾夕法尼亚西部的技艺娴熟的猎人，一个“林中奔跑者”，他不得不与英国士兵、易洛魁武士和黑森雇佣兵展开针锋相对的搏斗。这位少年的战时生活在重重险情之下显得更加生动、迷人。

《那一年，我不得不说的谎言》｜朱迪·布伦德尔

***What I Saw and How I Lied,* Judy Blundell**

这本荣获美国国家图书奖的作品出自（以裘德·沃森为笔名出版过众多作品的）布伦德尔笔下。书中讲述了一个发

生在“二战”后皇后区和棕榈滩的故事，横亘在15岁的艾芙面前的将是一个艰难的人生抉择。紧凑的叙述、完美的人物塑造使得这个以谎言、真相和道德为主题的故事更加激动人心。

《致命的王位》｜坎迪斯·弗莱明、琳达·休·帕克、M.T.安德森等作家

***Fatal Throne*, Candace Fleming, Linda Sue Park, M. T. Anderson, and others**

这部作品由七位著名作家联手创作，阵容强大，构思可谓是别出心裁。他们分别以第一人称的口吻在七个章节中将亨利八世和他六个妻子的个人生活一一讲述。这本书对都铎王朝的历史做了非常有趣的介绍，一定会让你的孩子读后感到意犹未尽（如果是这样的话，可以将艾莉森·韦尔著的《亨利八世的六个妻子》推荐给孩子，这是一部适合成人阅读的引人入胜的历史作品）。

《屋大维的惊人一生：叛国者》｜M.T.安德森

***The Astonishing Life of Octavian Nothing, Traitor to the Nation*, M. T. Anderson**

这部作品共有两卷，讲述了美国革命战争背景下发生的故事，令人眼界大开。主人公屋大维得知自己以及跟自己一样的人们都沦为奴隶，无意中成为用来证明种族劣等性的医学实验工具。不过，这一可怕的主题被作者进行了巧妙的文学处理。不要错过安德森和尤金·叶尔钦联袂创作的《布兰韦恩·斯普奇的暗杀》，插图精美，艺术手法多样，是一部讲述妖怪与精灵谈判休战的政治讽刺作品。